Me encanta...
tejer con ganchillo

25 sencillos proyectos para tejer con ganchillo

Me encanta...
tejer con ganchillo

25 sencillos proyectos para tejer con ganchillo

Carol Meldrum

Grupo Editorial Tomo, S.A. de C.V.,
Nicolás San Juan 1043,
03100, México, D.F.

1a. edición, abril 2013.

© *Love...Crochet*
25 Simple Projects to Crochet
Copyright © 2010 texto: Carol Meldrum
Copyright © 2010 fotografías e ilustraciones: New Holland
Publishers (UK) Ltd
Primero publicado en Australia en 2010 por
New Holland Publishers (Australia) Pty Ltd.
14 Aquatic Drive Frenchs Forest NSW 2086, Australia

© 2013, Grupo Editorial Tomo, S.A. de C.V.
Nicolás San Juan 1043, Col. Del Valle
03100 México, D.F.
Tels. 5575-6615, 5575-8701 y 5575-0186
Fax. 5575-6695
http://www.grupotomo.com.mx
ISBN-13: 978-607-415-487-0
Miembro de la Cámara Nacional
de la Industria Editorial No 2961

Traducción: Ivonne Alcocer Álvarez
Diseño de Portada: Karla Silva
Formación Tipográfica: Armando Hernández
Supervisor de producción: Leonardo Figueroa

Este libro se publicó conforme al contrato establecido entre
New Holland Publishers Pty Ltd y *Grupo Editorial Tomo, S.A. de C.V.*.

Impreso en México - *Printed in Mexico*

CONTENIDO

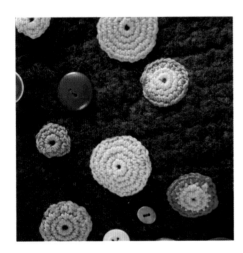

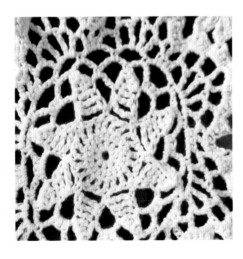

Introducción

El arte del ganchillo (o crochet) es muy reciente comparado con otros oficios de tejido con agujas. Históricamente, el crochet se usaba en el siglo XIX para recrear la apariencia de los lazos o cordones europeos lujosos y durante el reinado de la reina Victoria fue muy utilizado en la vestimenta y mercancías para el hogar. Hoy, el crochet es nuevamente muy popular tanto por el placer como por sus fines prácticos. Al mismo tiempo que conservamos una tradición, podemos disfrutar involucrarnos en técnicas probadas y sumergirnos en las puntadas. Mezclando esto con estambres e hilos modernos y coloridos podemos darle al crochet una visión del siglo XXI.

Es increíblemente fácil poder relacionarse con el crochet. Esto es así porque involucra la repetición de un mismo movimiento —pasar el estambre a través de un círculo o lazada con un gancho— y los básicos son realmente fáciles de comprender. Al principio puede ser un poco raro, especialmente si estás acostumbrada a tejer con agujas, pero rápidamente tus dedos aprenderán los movimientos nuevos y el ritmo se convertirá en algo parecido a una segunda naturaleza. La mayoría de los proyectos que se presentan son rápidos de hacer, en ocasiones sólo se necesitan algunas tardes; otros proyectos se van haciendo por partes, lo cual te obliga a estar más tiempo. Es muy sencillo llevar tu gancho y estambre a donde quiera que vayas, con lo cual puedes aprovechar tus tiempos libres a lo largo del día. Todas las técnicas esenciales que necesitas están explicadas en el inicio del libro y las fotos con acercamiento de los proyectos muestran los detalles de las puntadas haciéndolas más sencillas de seguir.

Sin importar si eres principiante o una experta del crochet, trabajando en estos proyectos aprenderás nuevas habilidades. Y, finalmente, ¡qué puede ser mejor que agregarle individualidad a tu atuendo con una pieza de moda o darle un verdadero estilo a tu hogar!

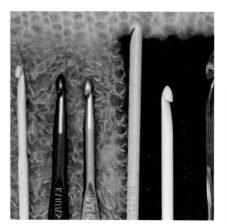  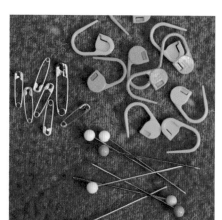

Los básicos

Herramientas

No necesitas mucho equipo para empezar. Los materiales esenciales son un gancho, algo de estambre y un buen par de tijeras. Cualquier otro material lo puedes ir añadiendo poco a poco.

Ganchos Existe una gran variedad de ganchos a escoger y más bien es una cuestión personal el gancho que se desee usar. El gancho que se utiliza más comúnmente es el de plástico o aluminio. Los ganchos pequeños de acero se utilizan para los trabajos de crochet con hilos muy finos y otros ganchos de aluminio tienen plástico o una goma para facilitar el agarre entre los dedos. Los ganchos de bambú y de madera de abedul tienen un terminado muy suave y a menudo están decorados, lo cual los hace lucir más bonitos.

Los ganchos tienen diferentes tamaños de grosor. Suele ser una regla que los ganchos delgados son para los hilos más delgados y los gruesos para los estambres o hilos más gruesos, pero una vez que sabes lo que haces te puedes divertir usándolos indistintamente.

Los ganchos se miden de acuerdo a su grosor, ya sea con letras o números dependiendo de la marca. Las partes que conforman el gancho —la punta, la garganta, la parte central (donde descansa el pulgar) y el mango— pueden variar, así que intenta diferentes tipos para ver cuál te acomoda mejor.

Sin importar el gancho que escojas, es necesario que cuides tus herramientas. Es una buena idea invertir en una bolsita donde puedas guardar los ganchos y mantener todo en su lugar. Si no, simplemente puedes usar un estuche de lápices o designar una bolsa para mantener todo en orden.

Alfileres Los alfileres con cabeza de cristal son los mejores cuando necesitas bloquear o presionar, los de plástico o perla se pueden derretir con el calor. Los alfileres largos Quilt pueden ser muy útiles cuando fijas piezas, ya que no tienden a zafarse fácilmente, así como los alfileres de seguridad.

Tijeras Las tijeras con una punta pequeña son buenas para cortar y terminar orillas, además de que pueden caber muy bien en tu bolsa o estuche.

Agujas de coser Las agujas que más se utilizan son las agujas de tapicería o de tejido, que tienen una punta chata y un ojal grande para poder pasar los estambres gruesos. Vienen en una gran variedad de tamaños y son las mejores para terminar y unir el tejido crochet. También puedes necesitar agujas de coser con puntas delgadas para ciertos proyectos, como la aplicación de motivos o agregar los adornos de encaje en la lana.

Marcadores de puntadas Es muy útil tenerlos en tu estuche. Normalmente son un tipo de anillo o círculo de plástico colorido que se desliza muy fácilmente entra las puntadas del crochet sin desbaratarlas. Por lo general se utilizan para marcar el inicio de una repetición o para indicar el final de una vuelta.

Cinta métrica Busca una que muestre pulgadas y centímetros en el mismo lado. Una regla de 30 cm de metal o plástico también sirve para medir la tensión.

Estambres

Existe una gran cantidad de estambres en el mercado; van desde el de algodón mercerizado brillante, hasta el de pestañas sintéticas, pasando por los duros, los de texturas irregulares, los suaves y los de hebras entrelazadas. En teoría podrías hacer crochet con cualquier fibra continua de cierta longitud, pero es importante entender que el contenido y textura de la fibra del estambre van a influir directamente en el terminado de la pieza.

Los estambres están hechos de fibras enredadas y unidas. Éstas pueden ser fibras naturales de plantas y animales como la lana y el algodón, o pueden ser fibras sintéticas creadas por el hombre como el nailon o el acrílico. Los estambres pueden estar hechos de una sola fibra o de una mezcla de varias. El grosor del estambre está determinado por la mezcla y enredo de las hebras más finas para lograr los diferentes pesos que se usan. A menudo los estambres texturizados son creados por la torsión de diferentes hilos de diferentes grosores y colores, logrando con esto una apariencia totalmente nueva. Otros estambres están hechos de una manera distinta; los estambres de listón están construidos al tejer un estambre muy delgado en un tubo que le da una apariencia de redondez o llanura en la bola.

Sin embargo, cuando se va a comenzar con el crochet lo mejor es ir por un estambre con una superficie suave y una torsión apretada.

Generalmente el estambre se mide por peso y no por longitud y viene empaquetado en bolas o madejas. La longitud es un dato importante, especialmente cuando tienes que sustituir uno por otro, la mayoría de las marcas lo indica en la etiqueta.

La manera en que está hilado el estambre también puede afectar la longitud, cuando venga en madeja hay que ponerlo en bola antes de usarlo para el crochet.

Fibras animales La lana es la fibra animal más utilizada, pero a pesar de que toda la lana viene de la oveja, existe una gran variedad en calidades. La lana merino está hecha de fibras súper finas y es muy suave y robusta, mientras que la lana rayada tiende a venir de ovejas que tienen largas capas toscas. Otras fibras de animales incluyen el mohair y la cachemira, que vienen de las cabras, y la angora que viene de conejos y alpacas. La seda también está clasificada como una fibra natural y es producida por las larvas de los gusanos de seda que hacen un estambre muy suave y brilloso. Éste también es un estambre muy resistente y ligero, pero puede ser una opción muy cara.

Fibras de plantas El algodón y el lino son las fibras de plantas más utilizadas. El algodón se presta para el crochet, y al igual que la lana, viene en diferentes formas. Distintas plantas producen diferentes tipos de fibras: El algodón puede ser suave y mate, o si lo prefieres un poco brilloso, el algodón mercerizado tiene una apariencia similar a la seda. El lino, bambú y cáñamo son otro tipo de estambres que se hilan a partir de fibras de plantas. El lino tiene una textura fresca y se hila de la planta de lino; cuando está en la bola de estambre se siente un poco acerado. Éste y el cáñamo son ambientalmente amigables.

Fibras sintéticas El acrílico, poliéster y nailon están hechos de fibras sintéticas. Son productos base procesados de carbón y petróleo, prácticamente igual que el plástico. Los estambres de fibras sintéticas son muy económicos, por eso son una buena opción si no tienes mucho presupuesto, aunque es mejor utilizar uno que por lo menos tenga una mezcla de alguna fibra natural. Esto hará que el estambre sea mucho más fácil de manejar y también le dará una elasticidad adecuada a la prenda, ayudándola a mantener su forma.

Para empezar

Aprender algo nuevo es muy divertido, pero es muy importante entender muy bien los conceptos básicos antes de iniciar cualquier proyecto. Trabaja a tu manera con las técnicas que aquí se presentan y practica haciendo muestras de cada una de las diferentes puntadas con un pedazo de estambre que te sobre.

Agarrar el gancho

Hay un par de métodos para agarrar el gancho. En realidad nada está bien o mal y lo más importante es que uses el método que mejor te acomode. Normalmente, el gancho se agarra con la mano derecha.

Agarrar el estambre

Nuevamente, no hay una sola forma de agarrar el estambre, pero puede ser más sencillo si lo pasas entre tus dedos permitiéndote así crear una tensión que te ayudará a tener puntadas precisas y uniformes.

Método 1: Toma el gancho como si fuera un lápiz. Las puntas de tus dedos índice y pulgar deben descansar sobre la parte plana del gancho.

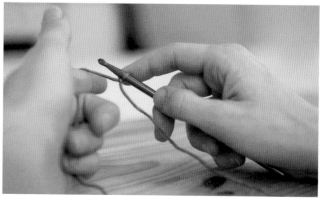

Método 1: Enreda la parte corta del estambre en tu dedo índice izquierdo. La parte larga del estambre que viene de la bola debe estar abajo del siguiente dedo. Agarra el estambre que viene de la bola suavemente con tus otros dedos.

Método 2: Sostén el gancho como si fuera un cuchillo, agarra la parte plana del gancho entre tus dedos índice y pulgar.

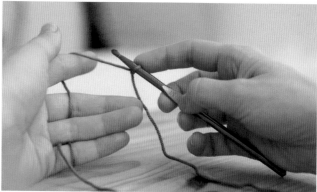

Método 2: Como antes, la parte corta del estambre debe estar en tu dedo índice izquierdo. La parte larga del estambre que viene de la bola debe estar bajo tu siguiente dedo, pero también sobre el que sigue. En esta técnica algunas personas también se enredan el estambre en el dedo meñique.

Técnicas básicas de puntadas

Haciendo la primera lazada o anillo

Cada puntada de crochet comienza y termina con una lazada o anillo en el gancho. Todo el crochet está formado por una serie de lazadas y la primera funciona como un nudo corredizo. Recuerda, el primer nudo no cuenta como una puntada.

1 Toma el final del estambre en tu mano derecha y enrédalo en el dedo índice izquierdo formando una cruz. Voltea tu dedo y así la cruz quedará viendo hacia abajo.

2 Toma el gancho de crochet en tu mano izquierda. Colócalo por debajo de la primer lazada de tu dedo índice izquierdo y pásala haciendo una segunda lazada.

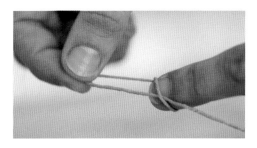

3 Quita tu dedo y jala los dos extremos de estambre firmemente.

Haciendo una cadena de base

La cadena es el punto de partida de casi todas las piezas de crochet y es en donde trabajas tu primera vuelta de puntadas. La cadena está hecha de lazadas o anillos conectados, y ya que necesitarás encajar nuevamente el gancho en la cadena, ten cuidado de no hacerla muy apretada.

1 Sostén el gancho en tu mano derecha y el estambre en la izquierda. Agarra suavemente la base del nudo corredizo por debajo del gancho con tu dedo índice y pulgar. Esto impedirá que la lazada esté girando libremente alrededor del gancho cuando estés trabajando en la cadena.

2 Toma el gancho y colócalo debajo de la hebra de estambre que corre de tu gancho a tu dedo índice izquierdo. En los patrones esto se describe como darle una vuelta al estambre en el gancho. Voltea el gancho con tus dedos y quedará viendo hacia abajo. Este movimiento va a agarrar la hebra del estambre y permitirá que el gancho se deslice hacia atrás, a través del anillo, con mayor facilidad. Desliza el gancho hacia atrás a través del anillo hacia donde tú estás.

3 Desliza la lazada que acabas de hacer hasta la punta del gancho. Aquí, en el cuello, el gancho es mucho más angosto que en el mango, así que si dejas la lazada en el cuello va a estar muy apretada. Usa tu dedo índice de la mano derecha para asegurar la puntada y con los dedos de la mano izquierda estira ligeramente el estambre.

Trabaja los pasos 2-3 para crear la longitud necesaria de la cadena para el proyecto que vas a realizar. Mientras trabajas la cadena, mueve los dedos de tu mano izquierda hacia arriba, manteniéndolos en la base de la cadena que acabas de trabajar.

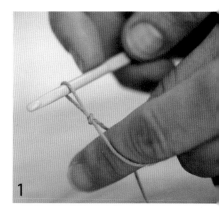

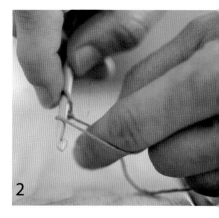

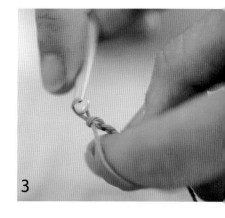

Puntada deslizada (pd)

La puntada deslizada es muy útil y básicamente es una cadena que se conecta al trabajo. Las puntadas deslizadas normalmente se usan para unir un grupo de puntadas a otro punto o para moverte sobre una vuelta o fila en la que estás trabajando sin tener que romper el estambre y tener que unirlo nuevamente más adelante. También se utilizan cuando estás trabajando motivos planos o de tubos para unir las filas o vueltas en círculos.

Las puntadas deslizadas también se usan cuando estás trabajando una puntilla. Esto es cuando se unen algunas cadenas a la base de la cadena con una puntada deslizada, logrando que se quede sostenida para crear una borla o puntilla. Lo maravilloso de la puntada deslizada es que no le da altura al trabajo y por eso es perfecta para este tipo de técnicas.

1 Inserta el gancho en la puntada. Asegúrate de que el gancho esté por debajo de las dos partes de la puntada.

2 Coloca estambre alrededor del gancho y deslízalo a través de las dos lazadas sobre el gancho (dos anillos sobre el gancho) para completar la puntada.

Contando cadenas

Cada lazada en forma de V en el frente de la cadena cuenta como una, excepto la que está sobre el gancho, que es una puntada en proceso.

Volteando las cadenas

Cuando estás haciendo crochet, necesitas trabajar un número específico de cadenas extras al inicio de la vuelta. Estas puntadas se llaman cadenas de vuelta y llevan el gancho hacia arriba a la altura correcta para la siguiente puntada que se va a trabajar. Con esto se asegura que el tejido mantenga las orillas derechas. Como regla, mientras más larga la puntada, más larga la cadena de vuelta.

Medio punto – 1 cadena de vuelta

Medio macizo – 2 cadenas de vuelta

Macizo – 3 cadenas de vuelta

Macizo doble – 4 cadenas de vuelta

Macizo triple – 5 cadenas de vuelta

Medio punto (mp)

Ésta es la puntada más sencilla del crochet. Es muy bueno utilizarla en proyectos de tejidos que son compactos y requieren cierta elasticidad, no muy apretados; por ejemplo sombreros y bolsas. También se usa en las orillas básicas, adornos y lazos. Una vez que hiciste la cadena de la longitud necesaria, haz una cadena extra. Ésta es tu cadena de vuelta.

1 Inserta la punta del gancho de adelante hacia atrás en la segunda cadena. Recuerda no contar la lazada o anillo en tu gancho como una puntada.

2 Utilizando el mismo método que cuando hiciste la cadena de base, coloca el estambre alrededor del gancho, luego gira el gancho para que quede viendo hacia abajo y pueda agarrar el estambre.

3 Usando el gancho desliza la lazada a través de la cadena hacia atrás, hacia donde estás tú. Ahora deberás tener dos lazadas en el gancho.

4 Termina la puntada colocando el estambre alrededor del gancho nuevamente y desliza las dos lazadas a través del gancho. Debes quedarte con una lazada en el gancho. Una vez que completaste tu primera puntada, continúa haciendo medio punto por toda la cadena hasta el final. Empieza cada puntada insertando el gancho en el centro de la siguiente cadena.

Al final de la vuelta, voltea tu tejido para comenzar una nueva. Al inicio de cada vuelta trabaja las puntadas de inflexión.

Macizo (m)

El macizo es una puntada más larga que el medio punto y crea una tejido más abierto. A menudo se utiliza en tejidos abiertos —hay algunas variaciones de esta puntada en este libro que pueden crear ciertas texturas diferentes, por ejemplo el proyecto de la boina estrafalaria, que casi parece que está tejida con agujas.

La puntada se trabaja de forma similar al medio punto, sólo que el estambre se enreda en el gancho antes de trabajar el tejido. Una vez que tienes la cadena con la longitud necesaria, haz tres cadenas extras. Ésta es tu cadena de vuelta.

1 Antes de trabajar en la cadena, enreda el estambre alrededor del gancho como si fueras a hacer una cadena, pero no lo deslices a través de la lazada.

2 Después cuenta 4 cadenas a lo largo del gancho e insértalo en esta cadena. Las primeras 3 cadenas son tu cadena de vuelta, así que el lugar en donde insertas el gancho será en realidad tu primera puntada. Utilizando el mismo método que usas en la cadena de base, coloca el estambre alrededor del gancho, luego voltéalo para que quede viendo hacia abajo y pueda agarrar el estambre.

3 Utilizando el gancho desliza el anillo hacia atrás en la cadena, en tu dirección. Ahora deberás tener 3 lazadas en el gancho.

4 Coloca nuevamente el estambre alrededor del gancho y deslízalo por las dos primeras lazadas del gancho. Deberás tener 2 lazadas o anillos en el gancho.

5 Termina la puntada colocando nuevamente el estambre alrededor del gancho y deslízalo por las dos lazadas. Deberás tener una lazada en el gancho y la puntada estará terminada.

Una vez que acabaste tu primera puntada, continúa por toda la cadena repitiendo el macizo en cada cadena hasta el final. Comienza cada puntada enredando el estambre en el gancho antes de de insertarlo en el centro de la siguiente cadena.

Al final de la vuelta, voltea tu tejido para comenzar una nueva. Al inicio de cada vuelta trabaja las puntadas de inflexión.

Medio macizo (mm) y macizo doble (md)

Estas puntadas son variaciones del macizo. El medio macizo es un poco más corto que el macizo y el triple es ligeramente más largo. En ocasiones se pueden utilizar en grupos para crear una figura específica, como se muestra en las orejeras del proyecto del gorro alpino. También se usan en la estrella blanca, en donde ayudan a crear los puntos centrales de la estrella y la orilla abierta del motivo más grande.

Medio macizo (mm)

El medio macizo se trabaja exactamente igual que el macizo, pero una vez que pasaste la lazada por la cadena, terminas la puntada llevando el estambre por debajo de las tres lazadas en un solo movimiento. Una vez que hiciste la cadena con la longitud necesaria, agrégale 3 cadenas extras. Ésta es tu cadena de vuelta.

1 Antes de trabajar en la cadena, enreda el estambre en el gancho 1 vez como si fueras a hacer una cadena, pero no deslices la lazada.

2 Cuenta 4 cadenas a partir del gancho e inserta el gancho en ésta. Las primeras tres cadenas son tu cadena de vuelta, así que el lugar en donde insertas el gancho será tu primera puntada.

3 Utilizando el mismo método que en la cadena, enreda el estambre en el gancho, luego voltea el gancho para que quede viendo hacia abajo y pueda agarrar el estambre. Desliza hacia atrás la lazada que justo acabas de hacer, hacia ti, dejando 3 anillos en el gancho.

4 Termina la puntada colocando nuevamente el estambre alrededor del gancho y deslízalo a través de las dos lazadas que están en el gancho. Deberás terminar con una lazada en el gancho.

Una vez que terminaste tu primera puntada, continúa por toda la cadena, repitiendo el medio macizo en cada cadena hasta el final. Comienza cada puntada enredando el estambre en el gancho antes de de insertarlo en el centro de la siguiente cadena.

Al final de la vuelta, voltea tu tejido para comenzar una nueva. Al inicio de cada vuelta trabaja las puntadas de inflexión.

Macizo doble (md)

El macizo doble se trabaja de la misma forma que el macizo, sólo que el estambre se enreda dos veces en el gancho antes de insertarlo en el tejido.

Una vez que hayas hecho la cadena con la longitud necesaria, haz 4 cadenas extras. Ésta es tu cadena de vuelta.

1 Antes de trabajar en la cadena, enreda el estambre alrededor del gancho dos veces, como si fueras a hacer una cadena. Cuenta 5 cadenas a partir del gancho e inserta el gancho en esta cadena. Las primeras cuatro cadenas son tu cadena de vuelta y el lugar en donde vas a colocar el gancho será tu primera puntada.

2 Utilizando el mismo método que en la cadena, enreda el estambre en el gancho, voltéalo para que quede viendo hacia abajo y pueda agarrar el estambre. Desliza la lazada hacia atrás de la cadena, en tu dirección, y deja dos lazadas en el gancho.

3 Ahora enreda nuevamente el estambre en el gancho y deslízalo a través de los primeros anillos del gancho. Ahora deberá haber tres lazadas en el gancho. Repítelo, y terminarás con dos lazadas en el gancho.

4 Completa la puntada enredando nuevamente el estambre en el gancho y deslízalo a través de las dos lazadas, dejando una en el gancho.

Una vez que terminaste tu primera puntada, continúa por toda la cadena repitiendo el macizo doble en cada cadena hasta el final. Comienza cada puntada enredando el estambre dos veces en el gancho antes de insertarlo en el centro de la siguiente cadena.

Al final de la vuelta, voltea tu tejido para comenzar una nueva. Al inicio de cada vuelta trabaja las puntadas de inflexión.

1

2

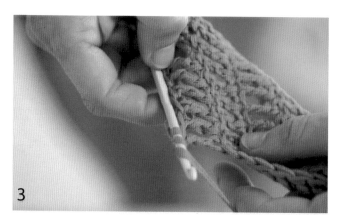

3

4

Trabajando en círculos

Algunos proyectos de crochet se trabajan en círculos en lugar de filas o vueltas. Esto quiere decir que vas a ir trabajando en círculos en lugar de ir trabando la parte delantera y trasera de las filas.

Haciendo un círculo

Éste es el primer paso para trabajar en círculos. Normalmente, el círculo está formado por cierta cantidad de cadenas con las orillas unidas por una puntada deslizada para poder cerrarlo.

1 Haz 6 cadenas, inserta el gancho de adelante hacia atrás en la primera cadena.

2 Enreda el estambre en el gancho y deslízalo hacia atrás a través de la cadena y la lazada que están en tu gancho. Apriétalo, jalando suavemente el extremo suelto del estambre.

Haciéndolo más grande

Para mantener una pieza circular de crochet plana tienes que ir haciendo más grande la orilla exterior del trabajo; la cantidad de puntadas que vas agregando en cada vuelta depende de la cantidad de puntadas de la primera vuelta. Por ejemplo, si hiciste 10 puntadas en la parte de adentro del círculo, luego tendrás que ir incrementando en múltiplos de 10 cada vez. En la primera ronda vas agregando cada puntada, en la segunda ronda vas agregando cada dos puntadas y así continúa.

> Cada ronda debe terminar más grande. Si no es así, detente y observa el trabajo para que puedas encontrar los errores antes de que lo desbarates. Una vez que identifiques el problema tendrás una mejor comprensión de cómo todo embona perfecto.

Trabajando en el círculo

El círculo forma la parte central de tu bordado, y trabajando en él vas a formar la primera vuelta. Cuando estés tejiendo en el círculo, observa que no vuelves a trabajar sobre las primeras puntadas, especialmente cuando el trabajo requiere de una gran cantidad de puntadas y el círculo no es muy grande. Dependiendo de la cantidad de puntadas en las que vas a trabajar haz la longitud adecuada de la cadena de vuelta. Este ejemplo está hecho con medio punto, así que se necesita 1 cadena extra.

1 Inserta el gancho de adelante hacia atrás a través del centro del círculo. Con el estambre alrededor del gancho, jala hacia atrás y deslízalo por los anillos.

2 Una vez que hayas trabajado la cantidad correcta de puntadas, completa la ronda, uniendo las orillas. Simplemente hazlo con una puntada deslizada en la parte superior de la cadena de vuelta en el inicio de la vuelta que acabas de terminar.

Recuerda que cuando trabajas en círculos, el mismo lado está viendo hacia ti todo el tiempo.

Es una buena idea usar un marcador de punta al inicio de cada ronda ya que esto te ayudará a saber en dónde comienza y termina la ronda. Coloca el marcador de punta en la cadena de vuelta y muévelo hacia arriba en cada ronda.

Lazadas o puntadas largas

También existen lazadas largas y son una extensión del macizo básico. Se trabajan en la misma forma, pero el estambre se enreda alrededor del gancho 3, 4 o 5 veces antes de insertarlo en el tejido. Cada puntada se completa deslizando el estambre por debajo de las dos lazadas al mismo tiempo hasta que termines con una sola lazada en el gancho.

Lazada triple (LT) Haz 5 cadenas de vuelta

1 Enreda el estambre 3 veces en el gancho, luego inserta el gancho en el sexto espacio a partir del gancho. Coloca estambre alrededor del gancho, luego desliza el anillo en dirección hacia ti, dejando 5 anillos en el gancho.

3 Enreda 3 veces estambre en el gancho. Inserta el gancho en el siguiente espacio y repite desde el paso 2.

Al final de la vuelta voltea tu tejido para empezar una vuelta nueva. Al inicio de cada vuelta trabaja las puntadas de inflexión.

Lazada cuádruple (LC): Haz 6 cadenas de vuelta y enreda el estambre 4 veces en el gancho.
Lazada quíntuple (LQ): Haz 7 cadenas de vuelta y enreda el estambre 5 veces en el gancho.

2 Coloca estambre alrededor del gancho y deslízalo a través de dos lazadas del gancho. Ahora deberás tener 4 lazadas en el gancho. Repítelo dejando 3 lazadas en el gancho. Repítelo dos veces más hasta dejar una lazada en el gancho.

Macizos por el frente y por atrás

Esta técnica se utiliza para crear una textura, dependiendo de cómo se mete el gancho por el frente o por atrás. Se puede usar en cada puntada, pero funciona mejor si se trabaja en una base de macizos con longitud visible, hacia arriba. La técnica de macizos por el frente y por atrás se usa en los proyectos de la boina estrafalaria y en la bufanda gruesa con capucha.

Macizos al frente (mf) Enreda estambre en el gancho e insértalo por la parte de atrás del trabajo, de derecha a izquierda, alrededor de la parte frontal de la base del macizo, enreda estambre en el gancho y deslízalo hacia atrás en dirección a ti. Completa el macizo como siempre: —Enreda estambre en el gancho y por abajo de dos lazadas, enreda estambre en el gancho y por abajo de dos lazadas.

Debes ver que la parte superior de la puntada, en donde normalmente colocarías tu gancho, se fue hacia delante del trabajo y la V está colocada horizontalmente viéndote a ti.

Macizos traseros (mt) Enreda estambre alrededor del gancho e insértalo por la parte del frente del trabajo, de derecha a izquierda, alrededor de la parte de atrás de la base del macizo, enreda estambre en el gancho y deslízalo hacia atrás en dirección hacia ti. Completa el macizo normalmente: —Enreda estambre en el gancho y por abajo de dos lazadas, enreda estambre en el gancho y por debajo de dos lazadas.

Debes ver que la parte superior de la puntada, en donde normalmente colocarías el gancho, se fue hacia atrás del trabajo y la base de la puntada que acabas de hacer se levantó.

Técnicas de formación

Básicamente la formación consiste en agregar y quitar puntadas para lograr la forma deseada. Las técnicas que se usan son las mismas que se utilizan para los trabajos con vueltas y para los trabajos circulares. Una boina con forma básica se trabaja desde arriba hasta abajo con la técnica de agregado hasta lograr el ancho deseado, los movimientos de las técnicas de quitar reducen la cantidad de puntadas y le dan la forma para que se ajuste a la cabeza. Cuando se realiza una pieza plana en vueltas, las técnicas de agregar y quitar normalmente se trabajan al inicio y al final de cada vuelta. Cuando se hacen círculos, las técnicas de agregar o quitar se trabajan en secciones alrededor de la orilla de afuera del trabajo.

Agregar

Agregados internos: Ésta es la forma más simple de agregar puntadas. Simplemente trabaja 2 o más puntadas en el mismo lugar. Este método, cuando se usa en vueltas, normalmente se trabaja con 1 o 2 puntadas en la orilla. Entonces, en una vuelta podrás agregar 1 puntada y luego trabajar el agregado, trabajarlo a lo largo de la vuelta hasta que tengas 2 o 3 puntadas salidas, trabaja tu agregado en la siguiente puntada y luego trabaja 1 puntada en cada uno hasta el final.

Agregados externos: Este método se usa para agregar varias puntadas de una sola vez. Esto se hace agregando cadenas extras al inicio o al final de una vuelta. Para agregar puntadas al inicio, haz la cantidad requerida de cadena al final de la vuelta anterior, recuerda agregar las cadenas de vuelta. En las siguientes vueltas trabaja puntadas extras a lo largo de la cadena y continúa trabajándolas hasta el final de la vuelta.

Para agregar puntadas al final de una vuelta con este método trabaja hasta las últimas puntadas. Retira el gancho y une un poco de estambre a la última puntada de la fila y haz la cantidad de cadena necesaria. Remata el estambre. Vuelve a colocar el estambre en la puntada y continúa trabajando hasta el final de la vuelta y a través de las cadenas extras.

Agregar puntadas de esta forma le da a tu trabajo una apariencia más ordenada. Las marcas de agregados se vuelven las características del tejido y también pueden hacer que sea más sencillo coserlo.

Quitar

Quitando internos: Como en agregando internos, es mejor trabajar esta técnica por lo menos con 1 puntada desde la orilla.

Quitar una puntada

La manera más sencilla de quitar puntadas es simplemente perder una puntada de la vuelta anterior. Lo cual está bien cuando se está trabajando en medio punto y el tejido está apretado, de esta manera una puntada no se notará, pero con puntadas más largas este método puede dejar un hoyo.

Trabajando puntadas juntas

Con este método puedes trabajar 2 o más puntadas juntas y frecuentemente se usa cuando estás haciendo tejidos abiertos.

Para trabajar 2 puntadas juntas comienza haciendo la primera puntada quitándola normalmente, pero no completes la puntada. Deja la última lazada de la puntada en el gancho (debe haber 2 lazadas en el gancho). Trabaja la siguiente puntada quitándola y, otra vez, no la completes. Deja la última lazada en el gancho (3 lazadas en el gancho). Si estás trabajando más de 2 juntas, trabaja cada puntada quitándola como arriba. Completa la que quitas, colocando estambre alrededor del gancho y deslízalo a través de todas las lazadas del gancho.

Quitar puntos externos: Este método se usa si quieres quitar varias puntadas al mismo tiempo. Le da a las orillas un efecto más angulado, funciona mejor en ciertos proyectos.

Para quitar puntadas al inicio de la vuelta, haz una puntada deslizada en cada una de las puntadas que quieres quitar. Luego haz tu cadena de vuelta y continúa por toda la vuelta. Para quitar al final de una vuelta, simplemente deja sin trabajar las puntadas que quieres quitar, voltea y continúa por la parte de atrás de la vuelta.

Para entender la tensión

La tensión, tanto en el crochet como en el tejido con agujas, es la cantidad de puntadas y vueltas que necesitas completar en cierta área, normalmente 10 cm^2 (4 pulgadas). Sin embargo, la tensión puede variar de persona a persona, aún cuando se use el mismo estambre y gancho, ya que cada quien tiene su propia tensión. Los patrones están escritos con una tensión específica, así que si tu tensión es diferente a la que se propone, es probable que el proyecto terminado sea más grande o más pequeño.

Una muestra de tensión

Siempre usa el gancho del tamaño que se recomienda y el estambre del patrón. Haz una pieza de crochet de 10 a 15 cm^2 asegurándote de trabajar la puntada que se propone en el patrón para la tensión.

1 Remata el estambre, bloquea y presiona la pieza suavemente. Coloca la muestra en una superficie plana con el lado derecho viendo hacia ti. Si no estás segura de cuál lado es el derecho, la cola de la cadena debe estar del lado izquierdo.

2 Coloca una regla o cinta métrica horizontalmente sobre el trabajo y asegúrate de que esté derecha, usa las puntadas como guía. Coloca alfileres cada 10 cm exactamente, luego cuenta el número de puntadas. Incluye las medias puntadas cuando cuentes. Repite el proceso verticalmente para contar las vueltas.

Si estás trabajando un patrón de puntadas, la tensión te la puede dar la repetición del patrón más que el número de puntadas o vueltas. Trabaja en la muestra en el patrón, pero cuenta el número de veces que se repite el patrón entre las vueltas.

Ajustando la tensión

A menudo la gente no entiende la importancia de la tensión. Todo el diseño está basado en estos números, de modo que si no te ajustas a ellos, puedes terminar con un proyecto muy grande o muy pequeño. Incluso se altera la cantidad de estambre que vas a necesitar para completar el proyecto, por lo que bien vale la pena tomarse el tiempo de revisar la tensión antes de comenzar para evitar cualquier desastre.

Tip: Si el número de puntadas y vueltas de tu muestra concuerda con el patrón, estás lista para comenzar. Si te das cuenta de que tienes muchas puntadas o vueltas, tu tensión estará muy apretada. Si no tienes suficientes puntadas, tu tensión estará muy aguada. Vuelve a hacer la muestra con un gancho más pequeño.

Lograr la tensión correcta, tanto en puntadas como en vueltas, es igual de importante, pero si consigues la cantidad correcta de puntadas y las vueltas están un poco mal, siempre podrás agregar o quitar algunas. La otra alternativa es revisar el tamaño que quieres que tenga la pieza terminada e ir alterándolo de acuerdo a tu tensión.

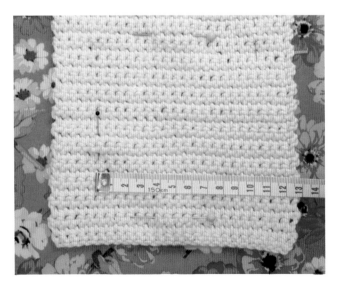

Siguiendo las instrucciones

Técnicas de terminado

Puedes pasar todo el tiempo del mundo haciendo las puntadas y forma perfecta, pero si el terminado no se ve bien, en realidad esto podría arruinar la apariencia final de tu trabajo. Es emocionante cuando llegas a esta etapa, pero trata de no apresurarte.

Remate

Una vez que completaste tu última puntada, necesitas asegurar el estambre para evitar que se deshaga. A esto se le llama remate. Corta el estambre dejando aproximadamente de 10-15 cm. Pasa la parte suelta de estambre a través del último anillo en el gancho y jala fuertemente para asegurarlo.

Bloquear y presionar

Antes de coser necesitas estar segura de que todas las piezas están en su lugar y en la forma adecuada. Para bloquear una pieza de crochet, fija la pieza con los alfileres a una superficie acolchonada. Un burro de planchar podría servir dependiendo del tamaño del tejido; puedes cubrir un pedazo de madera con varias capas de tela acolchonada. Los patrones de prueba te pueden ayudar a mantener las orillas rectas y pueden proteger la superficie del trabajo de la plancha.

Siempre revisa las instrucciones. Si es una fibra sintética no la acerques a la plancha porque perderá su forma, o peor aún, se derretirá con el calor. Asegura las piezas con el lado derecho viendo hacia abajo sobre la superficie acolchada y utiliza los alfileres con cabeza de vidrio. Dale la forma al crochet y checa nuevamente las medidas contra el patrón. Para las fibras naturales coloca un trapito húmedo sobre el trabajo y suavemente pasa la plancha en el modo de vapor. Para las fibras sintéticas o estambres con alto contenido sintético, rocía la prenda con un poco de agua. No te acerques mucho con la plancha porque el calor hará que el trabajo pierda su forma. Deja que se seque antes de quitar los alfileres.

Entendiendo los patrones

Cuando observas por primera vez un patrón de crochet podría parecer que está escrito en otro idioma, por eso es mejor empezar con uno sencillo e ir avanzando poco a poco. También es bueno crearte el hábito de revisar que tengas el número correcto de puntadas al final de cada vuelta y trabajar siguiendo las instrucciones como se dan. Algunas instrucciones pueden estar de forma gráfica o de forma escrita.

Siguiendo el patrón

La mayoría de los patrones están escritos como repeticiones que se indican entre paréntesis o con asteriscos. Es muy importante prestar atención a todo esto, junto con las comas y los puntos y aparte. También vas a encontrar la cantidad exacta de puntadas, si hay que agregar o quitar en alguna vuelta, se muestra entre corchetes.

Tip: Todos los patrones al inicio te dan información acerca del proyecto. Te especifican los materiales que necesitarás, también el tamaño final y las abreviaciones necesarias. Es muy importante leer esto cuidadosamente antes de comenzar, ya que pueden incluir una variación de técnica fundamental para ese diseño en específico.

Costuras

Existen varios métodos para coser tu crochet, depende del tipo de costura que quieras y del tipo de proyecto que hiciste. Las piezas se pueden unir, ya sea cosiéndolas con una aguja romana, o con un gancho de crochet. Es una cuestión de gustos, puedes usar el método que mejor te acomode, aunque en ocasiones el patrón dice que tiene que ser un tipo de costura en especial.

Uniendo las puntadas de los lados

Cuando estás uniendo la parte delantera con la trasera de un proyecto, casi puedes hacerlo de manera invisible.

— Coloca en una superficie las dos partes y asegúralas con los alfileres de seguridad. Comienza emparejando la parte de arriba y de abajo, después el centro. Te vas a dar cuenta de que a pesar de que hayas trabajado el mismo número de puntadas y vueltas en cada pieza, existe una ligera diferencia en la longitud. Al colocar las piezas juntas de esta manera vas a poder observar fácilmente las diferencias.

— Inserta un poco de estambre en la aguja. Trata de usar el mismo estambre del proyecto, de no ser posible, consigue un estambre que vaya con el tono. Pasa la aguja de atrás hacia delante comenzando por la puntada de debajo de tu mano derecha, la parte izquierda de la prenda, y pasa la aguja a través de ésta dejando un pedazo de estambre, una cola de 10-15 cm.

— Ahora coloca la aguja de atrás hacia delante, comienza por la puntada de abajo de tu mano izquierda, del lado derecho de la pieza, jala el estambre por ésta y empata las dos piezas. Repite el proceso una vez más. Trabaja

en las puntadas de abajo, creando una figura de ocho y ve jalando el estambre conforme vas avanzando. Ahora el estambre va a estar seguro y además tendrás una orilla derecha.

El proceso para cerrar los lados puede variar de acuerdo a la puntada que se usó en el tejido. Para el medio punto (mp), debes hacer un zigzag entre las puntadas superiores de los dos lados. Para el macizo (m), un zigzag entre las puntadas superiores, medias y bajas.

— Pasa la aguja hacia arriba a través del poste de la primera puntada de tu mano izquierda, y luego haz lo mismo del lado contrario. Zigzagea de atrás hacia delante, inserta la aguja en el mismo lugar por donde saliste, pero muévela hacia la puntada de arriba cada vez. En ocasiones vas a estar uniendo puntadas de las cadenas de vuelta, pero no te preocupes por el punto donde sale la aguja, sólo intenta mantener todo en orden.

— Después de que trabajaste 3 o 4 vueltas, jala suavemente el estambre para unir las dos partes. Se deben de juntar y quedar más o menos planas. Cuando llegues a la parte superior, asegura el estambre, pasándolo varias veces por las puntadas de arriba, sacude el estambre sobrante antes de cortar.

Juntando la parte delantera y trasera

La forma en que se unen dos partes superiores de crochet es similar al método que se utiliza para unir los laterales. Extiende las dos piezas una junto a la otra y asegúralas con alfileres. En esta ocasión, en lugar de trabajar en las cadenas de vuelta, vas a unir las dos puntadas de las dos partes.

— Con los lados derechos del tejido de frente asegura el estambre al inicio de la costura usando la figura del ocho que se describió antes. Comienza insertando la aguja en la base inferior del anillo de tu lado izquierdo, luego cruza la aguja hasta la base inferior del anillo de tu mano derecha. Jala firmemente y repite.

— Trabaja toda la costura. Inserta la aguja de atrás hacia delante, que saldrá a través del centro de la primera V de tu lado izquierdo. Mueve la aguja cruzando al lado derecho e insértala en el lugar por donde sale el estambre de la última figura de ocho. Jala la aguja hacia afuera por el centro de la siguiente V del mismo lado y haz un zigzag atrás y adelante hasta que llegues al final de la costura. Asegura el estambre trabajando la figura del ocho.

Uniendo la parte superior con los laterales

Para unir la parte superior de una pieza con la lateral de otra se usa una combinación de dos métodos. Normalmente las puntadas son más largas que anchas, así que no siempre empatan con la otra exactamente. Como vas a estar trabajando en el poste de una puntada o en el centro de una cadena de vuelta, es especialmente importante asegurar las piezas juntas.

Punto atrás

Ciertos proyectos necesitan una puntada que no sea tan elevada, lo cual es más funcional que bonito. Para proyectos como cojines o bases de bolsas esto funciona perfecto. Para unir dos piezas usando el punto atrás tienes que poner los dos lados derechos del trabajo viendo hacia dentro y asegurarlos, intenta que las vueltas y las puntadas empaten.

— Asegura el estambre por el lado derecho de la costura, haciendo algunas pequeñas puntadas en la parte superior de una de las partes del trabajo. Inserta la aguja nuevamente en el tejido en el inicio de la costura y deslízala hacia el lado del revés. Mueve la aguja un centímetro o algo más por atrás del trabajo y regrésala al lado derecho, jala el estambre firmemente. *Después inserta la aguja en el centro de la última puntada trabajada y mueve la costura hacia arriba un centímetro o algo más y trae de regreso la aguja al lado derecho, jala firmemente. Repite desde el * hasta el final de la costura. Asegura el terminado con algunas puntadas en la parte superior de otra.

primera lazada por debajo de la segunda y repite desde * hasta que se complete la costura. Corta el estambre, dejando 10-15 cm de largo, enreda el lado suelto alrededor del gancho y jálalo para asegurarlo.

— Si estás trabajando una costura de macizo triple, enreda estambre en el gancho y sácalo adelante. * Inserta el gancho en la siguiente puntada a través de las dos piezas de tejido, enreda estambre en el gancho y deslízalo hacia atrás a través de las dos lazadas, enreda nuevamente estambre en el gancho y pásalo por las dos lazadas y repite desde * hasta que completes la costura. Corta el estambre dejando 10-15 cm y jala firmemente para asegurar.

Costuras juntas de crochet

Las costuras también se pueden hacer con crochet. Es muy sencillo hacerlo, pero deja una costura visible y es muy voluminosa, toma esto en cuenta.

— Coloca las piezas juntas con el lado derecho afuera o adentro, dependiendo de dónde quieres que quede la costura de tu trabajo. Asegúralas fijándote en que las puntadas y vueltas empatan y las orillas también. Ahora inserta el gancho a través de las dos piezas por tu lado derecho en la orilla. Haz un nudo deslizado, súbelo en el gancho y deslízalo hacia atrás en dirección a ti. Si estás trabajando la base de una puntada deslizada, * inserta tu gancho en la siguiente puntada a través de las dos piezas del tejido, enreda estambre en el gancho y deslízalo hacia atrás (2 lazadas en el gancho). Desliza la

Proyectos

Boina de banda angosta

Esta hermosa y delicada boina será un buen proyecto una vez que te sientas segura con las puntadas básicas. Se trabaja siempre en círculo, así que no hay que hacer costuras. Haz esta boina y piensa en un viaje al bosque, mucho aire fresco y ¡un buen pescado!

Clasificación

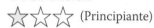 (Principiante)

Tamaño final

Circunferencia de la banda 56 cm

Materiales

- **Estambre:** Rowan alpaca, peso, (aprox. una bola de 100 m × 50 g)
  A-Blanco
  B- Azul claro
  C -Azul más fuerte
- **Gancho:** 4 mm

Tensión

Usando un gancho de 4 mm aprox. 20 puntadas y 19 sobre 10 cm de medio punto

Abreviaciones

2mp juntos- 2 medios puntos juntos
Ver también página 125

Usar el gancho de 4 mm y el estambre A, trabajar 5 cadenas, puntada deslizada en la primera cadena para hacer un anillo.
Vuelta 1: 1 cadena, colocar marcador de punta, trabajar 10 medios puntos en el círculo , puntada deslizada en una cadena al inicio de la vuelta. (10 puntadas).

Mueve el marcador de punta y ponlo después de una cadena trabajada en el inicio de cada ronda.

Vuelta 2: 1 cadena, trabaja 2 medios puntos en el anillo trasero del primer medio punto, * 2 mp en el anillo trasero del siguiente mp, repetir desde * hasta el final, puntada deslizada en una cadena al inicio de la vuelta. (20 puntadas)
Cambia el estambre B – Coloca el estambre B sobre el gancho y jálalo sobre el anillo o lazada que ya está en el gancho. Jala el estambre A un poco para que el anillo desaparezca en el trabajo.

Trabaja en el anillo trasero de cada medio punto de aquí en adelante.

Vuelta 3: 1 cadena, trabaja un mp en el primer mp, 2 mp en el siguiente mp, * 1 mp en el siguiente mp, 2 mp en el siguiente mp, repetir desde * hasta el final, puntada deslizada en una cadena al inicio de cada vuelta. (30 puntadas)
Cambia al estambre A – como se describe arriba.
Vuelta 4: 1 cadena, trabaja 1 mp en el 1° y en cada puntada siguiente hasta el final, puntada deslizada en una cadena al inicio de cada vuelta. (30 puntadas)
Cambia al estambre C
Vuelta 5: 1 cadena, trabaja un mp en el 1° de 2mp, 2 mp en el siguiente mp, * 1 mp en los siguientes 2 mp, 2 mp en el siguiente mp, repetir desde * hasta el final, puntada deslizada en una cadena al inicio de cada vuelta. (40 puntadas)
Cambia al estambre A
Vuelta 6: 1 cadena, trabaja 1 mp en el 1° y en cada puntada siguiente hasta el final, puntada deslizada en una cadena al inicio de cada vuelta. (40 puntadas)
Cambia al estambre B
Vuelta 7: 1 cadena, trabaja 1 mp en el 1° de 3 mp, 2 mp en el siguiente mp, * 1 mp en los siguientes 3 mp, 2 mp en el siguiente mp, repetir desde * hasta el final, puntada deslizada en una cadena al inicio de cada vuelta. (50 puntadas)
Cambia al estambre A
Vuelta 8: 1 cadena, trabaja 1 mp en la 1 y cada puntada siguiente hasta el final, puntada deslizada en una cadena al inicio de cada vuelta. (50 puntadas)
Vuelta 9: 1 cadena, trabaja un mp en el 1° de 4 mp, 2 mp en el siguiente mp, * 1 mp en los siguientes 4 mp, 2 mp en el siguiente mp, repetir desde * hasta el final, puntada deslizada en una cadena al inicio de cada vuelta. (60 puntadas)

Mantén la secuencia correcta de las rayas, tal como se establece a través de las rondas 6-9.
Mantén la secuencia correcta de la forma, agregando 1 a la cantidad de mp trabajados antes de agregar (trabaja 2 puntadas en la misma puntada) en la siguiente y cada segunda vuelta hasta que haya 140 puntadas (12 puntadas entre el agregado).
Antes de empezar a quitar, bloquea y presiona levemente la parte superior de la boina.
Vuelta 26-28: 1 cadena, trabaja 1 mp en la 1° y cada puntada siguiente hasta el final, puntada deslizada en una cadena al inicio de cada vuelta. (140 puntadas)
Vuelta 29: 1 cadena, * 1 mp en los siguientes 12 mp, 2 mp juntos, repetir desde * hasta el final. (130 puntadas)
Vuelta 30: 1 cadena, trabaja 1 mp en la 1 puntada y en cada una de las siguientes hasta el final, puntada deslizada en una cadena al inicio de cada vuelta. (130 puntadas)
Vuelta 31: 1 cadena, * 1 mp en los siguientes 11 mp, 2 mp juntos, repetir desde * hasta el final. (120 puntadas)
Vuelta 32: 1 cadena, trabaja 1 mp en la 1 puntada y en cada una de las siguientes hasta el final, puntada deslizada en una cadena al inicio de cada vuelta. (120 puntadas)
Vuelta 33: 1 cadena, * 1 mp en los siguientes 10 mp, 2 mp juntos, repetir desde * hasta el final. (110 puntadas)
Vuelta 34: 1 cadena, trabaja 1 mp en la 1 puntada y en cada una de las siguientes hasta el final, puntada deslizada en una cadena al inicio de cada vuelta. (110 puntadas)
Vuelta 35: 1 cadena, * 1 mp en los siguientes 9 mp, 2 mp juntos, repetir desde * hasta el final. (100 puntadas)
Vuelta 36: 1 cadena, trabaja 1 mp en la 1 puntada y en cada una de las siguientes hasta el final, puntada deslizada en una cadena al inicio de cada vuelta. (100 puntadas)
Vuelta 37: 1 cadena, * 1 mp en los siguientes 8 mp, 2 mp juntos, repetir desde * hasta el final. (90 puntadas)
Vuelta 38: 1 cadena, trabaja 1 mp en la 1 puntada y en cada una de las siguientes hasta el final, puntada deslizada en una cadena al inicio de cada vuelta. (90 puntadas)
Vuelta 39: 1 cadena, * 1 mp en los siguientes 7 mp, 2 mp juntos, repetir desde * hasta el final. (80 puntadas)
Vuelta 40: 1 cadena, trabaja 1 mp en la 1 puntada y en cada una de las siguientes hasta el final, puntada deslizada en una cadena al inicio de cada vuelta. (80 puntadas)
Vuelta 41: 1 cadena, * 1 mp en los siguientes 6 mp, 2 mp juntos, repetir desde * hasta el final. (70 puntadas)
Trabaja 7 vueltas con el estambre A y 1 vuelta con el estambre C como en la vuelta 40.
Corta el estambre y remátalo.

Para terminar

Cose los extremos sueltos del estambre por dentro de la boina.

Cinturón ancho

Este cinturón ancho fue diseñado con un toque bohemio de los años 50. Está hecho con las puntadas básicas, con la intención de darle un efecto texturizado al tejido. El color del estambre se irá destiñendo y cambiando con el tiempo, lo cual le añadirá individualidad. El cinturón está diseñado para colocarse alrededor de la cintura y fácilmente se puede ajustar a cualquier talla.

Clasificación

 (Principiante)

Tamaño final

Para ajustar: Cintura promedio de un adulto. Después de lavarlo, medidas aprox. del cinturón 15 cm de ancho por 95 cm de largo

Materiales

- **Estambre:** Rowan denim 100% algodón (aprox. una bola de 93 m × 50 g) Azul índigo (5)
- **Ganchos:** 3 mm y 4 mm

Tensión

Usando el gancho de 4 mm aprox. 20 puntadas y 20 vueltas sobre 10 cm de medio punto

Abreviaciones

Ver página 125

Usando el gancho de 4 mm haz 30 cadenas.

Vuelta 1: 1 cadena, 1 mp en la 2 cadena a partir del gancho, 1 mp en cada cadena hasta el final, voltea. (30 puntadas)

Vuelta 2: (lado de atrás): 1 cadena, 1 mp en la lazada del frente del gancho del 1er mp, 1 mp en la lazada de enfrente de cada mp hasta el final, voltea.

Vuelta 3: (lado de enfrente): 1 cadena, 1 mp en la 1er lazada de atrás del primer mp, 1 mp en la lazada trasera de cada mp hasta el final, voltea.

Repite las 2 últimas vueltas 6 veces más, y la vuelta 2 una vez más.

Haciendo los hoyos para los lazos

Vuelta 17: 1 cadena, 1 mp en las siguientes 4 puntadas, * 2 cadenas, pierde 2 puntadas, 1 mp en las siguientes 2 puntadas, repetir desde * 5 veces más, 1 mp en las 2 últimas puntadas, voltea.

Vuelta 18: 1 cadena, 1 mp en las siguientes 4 puntadas, * 1 mp en cada una de las 2 siguientes cadenas, 1 mp en cada una de las siguientes 2 puntadas, repetir desde * 5 veces más, 1 mp en las 2 últimas puntadas, voltea.

Termina con la vuelta del lado de atrás repite las vueltas 2-3 hasta que el trabajo mida aprox. 90 cm.

Corta el estambre y remátalo.

Adorno de la orilla

Con el lado derecho de frente y el gancho de 3 mm, junta el estambre en el mp superior del lado derecho del cinturón. Téjelo por toda la orilla usando la puntada deslizada, trabajando aprox. 1 puntada deslizada en la orilla exterior de cada vuelta.

Corta el estambre y remátalo. Repítelo del otro lado.

Lazos del cinturón

Necesitas hacer 12 de éstos. Usa el gancho de 4 mm y haz 2 cadenas.

Vuelta 1: Inserta el gancho en la primera lazada, enreda estambre en el gancho y deslízalo, enreda estambre en el gancho y deslízalo a través de las dos lazadas, 1 cadena, voltea.

Vuelta 2: Inserta el gancho de derecha a izquierda en la primera lazada pequeña de tu lado izquierdo, enreda estambre en el gancho y deslízalo a través de la lazada, enreda estambre en el gancho y deslízalo a través de las 2 lazadas, 1 cadena, voltea.

Repite la última vuelta 138 veces.

Corta el estambre y remátalo.

Para terminar

Cose todos los extremos sueltos del estambre del cinturón y de los lazos. Ponlos en una bolsa de red o en una funda de almohada vieja y lávalos en lavadora a 60°. También mete un poco de hilo para coser los lazos al cinturón. Esto los va a desteñir un poco.

Deja que se sequen las piezas y bloquea y presiona en la forma adecuada.

Usa el hilo lavado para coser los lazos al cinturón, empata los lazos con los hoyos.

Bolsa para crochet

Este diseño es perfecto para transportar todo tu material de crochet de un lugar a otro. Es una bolsa muy práctica, bonita y está llena de compartimentos para mantener todas tus cosas ordenadas. Las asas son suficientemente largas para que te las puedas colgar cómodamente, están hechas de esta forma para que no se alarguen más.

Clasificación

 (Principiante)

Tamaño terminado

Medidas actuales: 33 cm de ancho × 36 cm de profundidad

Materiales

- **Estambre:** Rowan 70% seda, 30% algodón (aprox. una bola de 108 m × 50 g)
  A- Verde oscuro (2)
  B- Verde medio claro (2)
  C- Verde claro (1)
  D- Agua (1)
  E- Rojo (1)
- **Gancho:** 4 mm

Tensión

Usando el gancho de 4 mm aprox. 15 puntadas y 16.5 vueltas sobre 10 cm de medio punto

Abreviaciones

Ver página 125

Base

Usando el gancho de 4 mm y el estambre A haz 15 cadenas.
Vuelta 1: 1 cadena, 1 mp en la 2 cadena a partir del gancho, 1 mp en cada cadena hasta el final, voltea. (15 puntadas)
Vuelta 2: 1 cadena, 1 mp en cada mp hasta el final, voltea.
Repetir vuelta 2, 32 veces más.
Cortar el estambre y rematarlo.

Panel lateral (hacer 2)

Usando el gancho de 4 mm y el estambre A hacer
15 cadenas.
Vuelta 1: 1 cadena, 1 mp en la 2 cadena a partir del gancho, 1 mp en cada cadena hasta el final, voltea. (15 puntadas)
Vuelta 2: 1 cadena, 1 mp en cada mp hasta el final, voltea.
Repetir vuelta 2, 41 veces más.
Cortar el estambre y rematarlo.

Paneles delanteros y traseros (hacer 2)

Usando el gancho de 4 mm y el estambre B hacer
32 cadenas.
Vuelta 1: 1 cadena, 1 mp en la segunda cadena a partir del gancho, 1 mp en cada cadena hasta el final, voltea. (32 puntadas)
Vuelta 2: 1 cadena, 1 mp en cada cadena hasta el final, voltea.
Repetir vuelta 2, 41 veces más.
Cortar el estambre y rematarlo.

Bolsa lateral

Usando el gancho de 4 mm y el estambre A hacer
13 cadenas.
Vuelta 1: 1 cadena, 1 mp en la 2 cadena a partir del gancho, 1 mp en cada cadena hasta el final, voltea. (13 puntadas)
Vuelta 2: 1 cadena, 1 mp en cada mp hasta el final, voltea.
Repetir vuelta 2, 38 veces más.
Cortar el estambre y rematarlo.

Bolsa grande delantera

Usando el gancho de 4 mm y el estambre C hacer 32 cadenas.
Vuelta 1: 1 cadena, 1 mp en la 2 cadena a partir del gancho, 1 mp en cada cadena hasta el final, voltea. (32 puntadas)
Vuelta 2: 1 cadena, 1 mp en cada mp hasta el final, voltea.
Repetir vuelta 2, 28 veces más.
Cortar el estambre C y unir el estambre E.
Trabaja 4 vueltas en mp.
Cortar el estambre y rematarlo.

Bolsa mediana frontal

Usando el gancho de 4 mm y el estambre D hacer
32 cadenas.
Vuelta 1: 1 cadena, 1 mp en la 2 cadena a partir del gancho, 1 mp en cada cadena hasta el final, voltea. (32 puntadas)
Vuelta 2: 1 cadena, 1 mp en cada mp hasta el final, voltea.
Repetir vuelta 2, 18 veces más.
Corta el estambre D y une el estambre E.
Trabaja 4 vueltas en mp.
Cortar el estambre y rematarlo.

Asas (hacer 2)

Usando el gancho de 4 mm y el estambre E hacer
80 cadenas.
Vuelta 1: 1 cadena, 1 mp en la 2 cadena a partir del gancho, 1 mp en cada cadena hasta el final, voltea. (80 puntadas)
Vuelta 2: 1 cadena, 1 mp en cada cadena hasta el final, voltea.
Repetir vuelta 2, 3 veces más.
Cortar el estambre y rematarlo.

Para terminar

Cose todos los extremos sueltos del estambre.
Bloquea y presiona todos los paneles, bolsas y asas.
Asegura con alfileres los laterales a la base.
Asegura con alfileres la bolsa mediana a la grande, dejando la parte superior abierta, usa la foto como guía, con el estambre E cose la bolsa mediana a la grande, usando el punto atrás aprox. 8 mm desde el borde hasta crear una pequeña bolsa.
Cose las bolsas al panel delantero, y luego cose el panel delantero a los laterales y a la base.
Asegura con alfileres y puntadas la bolsa lateral al lado derecho del panel delantero.

Una vez que todos los paneles estén cosidos, trabaja el borde superior como se indica en las vueltas.
Con el lado derecho de frente, usando el gancho de 4 mm y el estambre E, une estambre a la esquina superior de tu mano derecha del panel delantero.
Vuelta 1: 1 cadena, 1 mp en el mismo mp, 30 mp a lo largo del panel delantero, 14 mp a lo largo del primer panel lateral, 31 mp a lo largo del panel trasero, 14 mp a lo largo del segundo panel lateral, puntada deslizada en una cadena al inicio de la vuelta. (90 puntadas)
Vuelta 2: 1 cadena, 1 mp en la primera puntada, 1 mp en cada mp hasta el final, puntada suelta en 1 cadena al inicio de la vuelta.
Repite la última vuelta 6 veces más.
Corta el estambre y remátalo.
Coloca las asas usando el punto atrás, asegura con alfileres y puntadas cada orilla de las asas al frente y atrás de la bolsa aprox. 8 cm desde el borde externo y 5 cm hacia abajo desde la orilla superior.

Guantes sin dedos extra largos

Estos guantes son perfectos para mantener tus manos y muñecas calientitas. El puño extra largo se adapta cómodamente al brazo y el detalle de los botones le da un toque interesante. El hecho de que no tenga los dedos es muy práctico ya que puedes moverlos y levantar cosas fácilmente cuando lo necesites. Están hechos con un estambre teñido, fuerte y se tejen rápidamente. Esto los puede convertir en un gran regalo de último minuto.

Clasificación

 (Principiante)

Tamaño terminado

Medidas actuales: Ancho 11 cm, largo 34 cm

Materiales

- **Estambre:** Con sombras, 58% lana, 40 acrílico, 4% viscosa (aprox. por bola 133 m × 100 g)
  Mezcla de rojo, borgoña, naranja (2)
- **Botones:** 214 × 2 cm
  4 ojales
- **Gancho:** 9 mm

Tensión

Usando el gancho de 9 mm aprox. 10 puntadas y 11 vueltas sobre 10 cm de medio punto

Abreviaciones

Ver página 125

Guante mano derecha

Usando el gancho de 9 mm hacer 23 cadenas.

Vuelta 1: 1 cadena, 1 mp en la 2 cadena a partir del gancho, 1 mp en cada cadena hasta el final, voltea. (23 puntadas)

Vuelta 2: 1 cadena, 1 mp en el 1er mp, 1 mp en cada cadena hasta el final, voltea.

Vuelta 3: 1 cadena, 1 mp en el 1er mp, 2 cadenas, pierde 2 mp, 1 mp en cada mp hasta el final, voltea

Vuelta 4: 1 cadena, 1 mp en los siguientes 20 mp, 2 mp en 2 espacios de cadena, 1 mp en el último mp, voltea.

Vuelta 5: Como en la vuelta 2.

Vuelta 6: 1 cadena, 1 mp en los siguientes 20 mp, 2 cadenas, pierde 2 mp, 1 mp en el último mp, voltea.

Vuelta 7: 1 cadena, 1 mp en el 1er mp, 2 mp en 2 espacios de cadena, 1 mp en cada mp hasta el final, voltea.

Vuelta 8: Como en la vuelta 2.

Repite las vueltas 3-8 dos veces más y las vueltas 3-5 una vez más.

Vuelta 24 (lado del revés): 1 cadena, 1 mp en los siguientes 20 mp, voltea.

Sólo trabaja en estas 20 puntadas.

La forma del pulgar

Vuelta 25: 1 cadena, 1 mp en los siguientes 9 mp, 2 mp en la siguiente puntada, 1 mp en el siguiente mp, 2 mp en el siguiente mp, 1 mp en los siguientes 8 mp, voltea. (22 puntadas)

Vuelta 26: 1 cadena, 1 mp en los siguientes 8 mp, 2 mp en el siguiente mp, 1 mp en los siguientes 3 mp, 2 mp en el siguiente mp, 1 mp en los siguientes 9 mp, voltea. (24 puntadas)

Vuelta 27: 1 cadena, 1 mp en los siguientes 9 mp, 2 mp en la siguiente puntada, 1 mp en los siguientes 5 mp, 2 mp en el siguiente mp, 1 mp en los siguientes 8 mp, voltea. (26 puntadas)

Vuelta 28 (lado del revés): 1 cadena, 1 mp en las siguientes 17 puntadas, voltea.

Siguiente vuelta: 1 cadena, 1 mp en los siguientes 9 mp, voltea.

Sólo trabaja en estas 9 puntadas.

Repite la última vuelta tres veces más.

Corta el estambre y remátalo dejando suficiente estambre para coser el pulgar.

Con el lado del revés viendo hacia ti une el estambre y trabaja 1 mp en cada uno de los 9 mp hasta el final, voltea. Cose el pulgar.

Siguiente vuelta (lado derecho): 1 cadena, 1 mp en los siguientes 9 mp, 3 mp en la base del pulgar, 1 mp en los 8 mp restantes, voltea. (20 puntadas)

Siguiente vuelta: 1 cadena, 1 mp en cada mp hasta el final, voltea.

Repite la última vuelta 8 veces más.

Cortar el estambre y rematarlo

Para terminar

Con el lado derecho de frente, cose la costura lateral de la parte superior a la base del pulgar, deja 3 puntadas y la solapa del botón abiertas.

Cose los botones al puño empatándolos con los ojales.

Cose todos los extremos sueltos del estambre.

Guante mano izquierda

Usando el gancho de 9 mm hacer 23 cadenas

Vuelta 1: 1 cadena, 1 mp en la 2 cadena a partir del gancho, 1 mp en cada cadena hasta el final, voltea. (23 puntadas)

Vuelta 2: 1 cadena, 1 mp en el 1er mp, 1 mp en cada cadena hasta el final, voltea.

Vuelta 3: 1 cadena, 1 mp en los siguientes 20 mp, 2 cadenas, pierde 2 mp, 1 mp en el último mp, voltea.

Vuelta 4: 1 cadena, 1 mp en el 1er mp, 2 mp en 2 espacios de cadena, 1 mp en cada mp hasta el final, voltea.

Vuelta 5: Como la vuelta 2.

Vuelta 6: 1 cadena, 1 mp en el 1er mp, 2 cadenas, pierde 2 mp, 1 mp en cada mp hasta el final, voltea.

Vuelta 7: 1 cadena, 1 mp en los siguientes 20 mp, 2 mp en 2 espacios de cadena, 1 mp en el último mp, voltea.

Vuelta 8: Como en la vuelta 2.

Repite vueltas 3-8 dos veces más y vueltas 3-5 una vez más.

Vuelta 24 (lado del revés): Puntada deslizada sobre los 3 primeros mp, 1 cadena, 1 mp en cada mp hasta el final. (20 puntadas)

La forma del pulgar

Vuelta 25: 1 cadena, 1 mp en los siguientes 8 mp, 2 mp en la siguiente puntada, 1 mp en el siguiente mp, 2 mp en el siguiente mp, 1 mp en los siguientes 9 mp, voltea. (22 puntadas)

Vuelta 26: 1 cadena, 1 mp en los siguientes 9 mp, 2 mp en el siguiente mp, 1 mp en los siguientes 3 mp, 2 mp en el siguiente mp, 1 mp en los siguientes 8 mp, voltea. (24 puntadas)

Vuelta 27: 1 cadena, 1 mp en los siguientes 8 mp, 2 mp en la siguiente puntada, 1 mp en los siguientes 5 mp, 2 mp en el siguiente mp, 1 mp en los siguientes 9 mp, voltea. (26 puntadas)

Vuelta 28 (lado del revés): 1 cadena, 1 mp en las siguientes 18 puntadas, voltea.

Siguiente vuelta: 1 cadena, 1 mp en los siguientes 9 mp, voltea.

Sólo trabaja en estas 9 puntadas.

Repite la última vuelta tres veces más.

Corta el estambre y remátalo dejando suficiente estambre para coser el pulgar.

Con el lado del revés viendo hacia ti une estambre y trabaja 1 mp en cada uno de los 8 mp hasta el final, voltea.

Cose el pulgar.

Siguiente vuelta: 1 cadena, 1 mp en los siguientes 9 mp, voltea.

Sólo trabaja en estas 9 puntadas.

Repite la última vuelta tres veces más.

Corta el estambre y remátalo, dejando suficiente estambre para coser el pulgar.

Con el lado del revés viendo hacia ti une estambre y trabaja 1 mp en cada uno de los 8 mp hasta el final, voltea.

Cose el pulgar.

Siguiente vuelta (lado del derecho): 1 cadena, 1 mp en los siguientes 8 mp, 3 mp en la base del pulgar, 1 mp en los 9 mp restantes, voltea. (20 puntadas)

Siguiente vuelta: 1 cadena, 1 mp en cada mp hasta el final, voltea.

Repite la última vuelta 8 veces más.

Corta el estambre y remátalo

Para terminar

Con el lado derecho de frente, cose la costura lateral de la parte superior a la base del pulgar, deja 3 puntadas y la solapa del botón abiertas.

Cose los botones al puño empatándolos con los ojales.

Cose todos los extremos sueltos del estambre.

Bolsa de crochet con cuentas

Esta bolsa está inspirada en la moda de los años 20. Cada vez que camines las cuentas volarán. Está hecha con un estambre de algodón pesado orgánico de color neutro, con cuentas doradas de cristal que verdaderamente llaman la atención. La bolsa parece pequeña, pero es engañosamente profunda y maravillosa para el uso diario o una fiesta.

Clasificación

 (Principiante)

Tamaño final

Medidas actuales: Ancho 20 cm, largo 24 cm

Materiales

- **Estambre:** Rowan orgánico, 100% algodón de secado natural, (aprox. una bola 120 m × 50 g)
- Gris (3)
- **Cuentas:** 4 paquetes de cuentas de 4 mm color dorado
- 1 botón de presión mediano
- **Gancho:** 4 mm

Tensión

Usando el gancho de 4 mm, aprox. 17 puntadas y 20 vueltas sobre 10 cm de medio punto.

Abreviaciones

mpc- medio punto con cuenta
También ver página 125

Lazos con cuentas (hacer 28)

Coser aprox. 26 cuentas al estambre.

Usando el gancho de 4 mm hacer 24 cadenas.

Vuelta 1: 1 cadena, 1 mpc en la 2 cadenas a partir del gancho, 1 mpc en las siguientes 12 cadenas, 1 mp en cada mp hasta el final, voltea. (24 puntadas)

Vuelta 2: 1 c, 1 mp en el 1 er mp, 1 mp en cada puntada hasta terminar, voltea.

Vuelta 3: 2 c, 1 m en cada mp hasta el final, voltea.

Vuelta 4: 1 c, 1 mp en el 1er m, 1 mp en cada m hasta terminar, voltea.

Vuelta 5: 1 c, 1 mpc en el 1er mp, 1 mpc en los siguientes 13 mp, 1 mp en cada mp hasta terminar.

Cortar el estambre y rematar.

Panel de la bolsa (hacer 2)

Usando el gancho de 4 mm hacer 35 cadenas.

Vuelta 1: 1 c, 1 mp en la 2 cadena a partir del gancho, 1 mp en cada c a partir del gancho hasta el final, voltea. (35 puntadas)

Vuelta 2: 1 c, 1 mp en cada mp hasta el final, voltea.

Vueltas 3-8: Como en la vuelta 2.

Vuelta 9: 1 c, 1 mp en el 1er mpc, sujeta el lazo en los próximos 5 mp como se indica: Dobla el lazo a la mitad con las cuentas hacia el frente, ** inserte el gancho por ambas partes del lazo, luego en el siguiente mp, repetir desde ** 4 veces más, 1 mp en los siguientes 3 mp, repetir desde * 5 mp del lazo sobre los próximos 5 mp como se hizo en el lazo anterior, 1 mp en los siguientes 3 mp, repetir desde * hasta el final, voltea.

Vueltas 10-18: Como en la vuelta 2.

Vuelta 19: 1 c, 1 mp en el 1er mp de los 7, * los 5 mp del lazo sobre los próximos 5 mp, 1 mp en los siguientes 3 mp, repetir desde * hasta los últimos 4 mp, 1 mp en los últimos 4 mp, voltea.

Vueltas 20-28: Como en la vuelta 2.

Vuelta 29: Como en la vuelta 9.

Vueltas 30-38: Como en la vuelta 2.

Vuelta 39: 1 c, 1 mp en el 1er mp de 2, 2 mp juntos, 1 mp en cada mp hasta los últimos 4 mp, 2 mp juntos, 1 mp en los últimos 2 mp, voltea. (33 puntadas)

Vuelta 40-42: Como en la vuelta 2.

Vuelta 43: Como en la vuelta 30. (31 puntadas)

Vuelta 44: Como en la vuelta 2.

Vuelta 45: 1 c, 1 mp en el primer mp de 5, * 5 mp del lazo sobre los próximos 5 mp, 1 mp en los siguientes 3 mp, repetir desde * hasta los 2 últimos mp, 1 mp en los 2 últimos mp, voltea.

Vuelta 46-56: Como en la vuelta 2.

Cortar el estambre y rematarlo.

Asa

Usando el gancho de 4mm hacer 95 puntadas.

Vuelta 1: 1 c, 1 mp en cada cadena hasta el final, voltea. (95 puntadas)

Vuelta 2: 1 c, 1 mp en el 1er mp, 1 mp en los siguientes mp hasta el final, voltea.

Vueltas 3-6: Como en la vuelta 2.

Cortar el estambre y rematarlo.

Para terminar

Cose todos los extremos sueltos del estambre por dentro de la bolsa (lado del revés).

Con los lados derechos juntos, cose la base de la parte delantera y trasera con el punto atrás. Cose la parte a la delantera y trasera por los lados.

Dobla las últimas 5 vueltas de la bolsa hacia dentro, luego asegúralas con alfileres y puntadas para formar el borde superior de la bolsa (aprox. 2.5 cm)

Cose el botón de presión dentro de la bolsa, aprox. 5 vueltas debajo de la parte superior de la bolsa. Usa el mismo estambre de la bolsa. Si es muy grueso separa una hebra para que pueda pasar por la aguja.

Asegura el asa a la bolsa por dentro en las costuras laterales (aprox. 2.5 cm) abajo de la parte superior de la bolsa y cósela.

Cojín de fieltro con aplicaciones de rosas

Este cojín rosado de fieltro es muy bonito. La parte delantera del cojín está hecha en una sola pieza de crochet con una franja continua de color neutro que divide los dos tonos rosados. La parte trasera es una tela floral que une las dos partes de manera maravillosa. Crea diferentes cojines que hagan juego con los demás, aprovechando la secuencia de la franja del panel frontal.

Clasificación

 **(Principiante)**

Tamaño terminado

Medidas actuales: 44 cm^2

Materiales

- **Estambre:** Rowan, 100% lana virgen (aprox. una bola 110 m × 25 g)
  A- Rosa brillante (3)
  B- Avena (1)
  C- Rosa (2)
  D- Dorado (1)
  Rowan cristal, 100% algodón (aprox. una bola 115 m × 50 g)
  E- Verde medio (1)
  F- Verde claro (1)
  G- Verde/café (1)
- ½ m de tela floral de algodón
- Aguja de coser e hilo de algodón
- Relleno de cojín.
- **Ganchos:** 3 mm y 4 mm.

Tensión

Después de rellenar, usando el gancho de 4 mm aprox. 16 puntadas y 13 vueltas sobre 10 cm de macizo.

Abreviaciones

Ver página 125

Panel frontal

Usando el gancho de 4 mm y el estambre A hacer 4 cadenas, puntada deslizada en la primera cadena para hacer un círculo.

Vuelta 1: 6 c (cuenta como 1 m y 3 c), * 3 m en el anillo, 3 c, repetir desde * dos veces más, 2 m en el anillo, puntada deslizada en la 3era de las 6 c al inicio de la vuelta.

Vuelta 2: Pd en los 6 espacios de la cadena, 6 c (cuenta como 1 m y 3 c), 1 m en los mismos 6 espacios de cadena, 1 m en la parte superior de las siguientes 3 puntadas, 1 m en los 3 espacios de la cadena, * 3 c, 1 m en el mismo 3er espacio de la cadena, 1 m en la parte superior de las siguientes 3 puntadas, 1 m en los siguientes 3 espacios de cadena, repetir desde * una vez más, 3 c, 1 m en el mismo 3er espacio, 1 m en la parte superior de las siguientes 3 puntadas, pd en la 3er cadena de 6 al inicio de la vuelta.

Vuelta 3: Pd en el 6 espacio de la cadena, 6 c (contar como 1 m y 3 c), 1 m en los mismos 6 espacios de cadena, 1 m en la parte superior de las siguientes 5 puntadas, 1 m en los 3 espacios de cadena, * 3 c, 1 m en el mismo 3er espacio, 1 m en la parte superior de la siguientes 5 puntadas, 1 m en los siguientes 3 espacios de cadena, repetir desde * una vez más, 3 c, 1 m en el mismo 3er espacio, 1 m en la parte superior de las siguientes 5 puntadas, pd en la 3er cadena de 6 al inicio de la vuelta.

Vuelta 4: Pd en los 6 espacios de la cadena, 6 c (cuenta como 1 m y 3 c), 1 m en los mismos 6 espacios de la cadena, 1 m en la parte superior de las siguiente 7 puntadas, 1 m en el 3er espacio de cadena, * 3 c, 1 m en el mismo 3er espacio, 1 m en la parte superior de las siguientes 7 puntadas, 1 m en los 3 espacios de cadena, * 3 c, 1 m en el mismo 3er espacio, 1 m en la parte superior de las siguientes 7 puntadas, 1 m en los 3 espacios de cadena, repetir desde * una vez más, 3 c, 1 m en el mismo 3er espacio, 1 m en la parte superior de las siguientes 7 puntadas, pd en la 3er cadena de 6 al inicio de la vuelta.

Vuelta 5: Pd en los 6 espacios de la cadena, 6 c (cuenta como 1 m y 3 c), 1 m en los mismos 6 espacios de cadena, 1 m en la parte superior de las siguientes 9 puntadas, 1 m en los 3 espacios de cadena, * 3 c, 1 m en el mismo 3er espacio, 1 m en la parte superior de las siguientes 9 puntadas, 1 m en los 3 espacios de cadena, repetir desde * una vez más, 3 c, 1 m en el mismo 3er espacio, 1 m en la parte superior de las siguientes 9 puntadas, pd en la 3er cadena de 6 al inicio de la vuelta.

Vuelta 6: Pd en los 6 espacios de la cadena, 6 c (cuenta como 1 m y 3 c), 1 m en los mismos 6 espacios de cadena, 1 m en la parte superior de las siguientes 11 puntadas, 1 m en los 3 espacios de la cadena, * 3 c, 1 m en los mismo 3 espacios de la cadena, 1 m en la parte superior de las siguientes 11 puntadas, 1 m en los siguientes 3 espacios de la cadena, repetir desde * una vez más, 3 c, 1 m en los

mismos tres espacios de la cadena, 1 m en la parte superior de las siguientes 11 puntadas, pd en la 3er cadena de las 6 al inicio de la vuelta.

Vuelta 7: Pd en los 6 espacios de la cadena, 6 c (cuenta como 1 m y 3 c), 1 m en los mismos 6 espacios de la cadena, 1 m en la parte superior de las siguientes 13 puntadas, 1 m en los siguientes 3 espacios de la cadena, repetir desde * una vez más, 3 c, 1 m en los mismos tres espacios de la cadena, 1 m en la parte superior de las siguientes 13 puntadas, pd en la 3er cadena de las 6 al inicio de la vuelta.

Vuelta 8: Pd en los 6 espacios de la cadena, 6 c (cuenta como 1 m y 3 c), 1 m en los mismos 6 espacios de la cadena, 1 m en la parte superior de las siguientes 15 puntadas, 1 m en los siguientes 3 espacios de la cadena, repetir desde * una vez más, 3 c, 1 m en los mismos tres espacios de la cadena, 1 m en la parte superior de las siguientes 15 puntadas, pd en la 3er cadena de las 6 al inicio de la vuelta.

Vuelta 9: Pd en los 6 espacios de la cadena, 6 c (cuenta como 1 m y 3 c), 1 m en los mismos 6 espacios de la cadena, 1 m en la parte superior de las siguientes 17 puntadas, 1 m en los siguientes 3 espacios de la cadena, repetir desde * una vez más, 3 c, 1 m en los mismos tres espacios de la cadena, 1 m en la parte superior de las siguientes 17 puntadas, pd en la 3er cadena de las 6 al inicio de la vuelta.

Vuelta 10: Pd en los 6 espacios de la cadena, 6 c (cuenta como 1 m y 3 c), 1 m en los mismos 6 espacios de la cadena, 1 m en la parte superior de las siguientes 19 puntadas, 1 m en los siguientes 3 espacios de la cadena, repetir desde * una vez más, 3 c, 1 m en los mismos tres espacios de la cadena, 1 m en la parte superior de las siguientes 19 puntadas, pd en la 3er cadena de las 6 al inicio de la vuelta.

Trabaja 10 vueltas más con estambre A y sigue agregando como se ha estado haciendo en las vueltas anteriores.

Corta el estambre A y une el estambre B.

Trabaja tres vueltas con el estambre B.

Corta el estambre B y une el estambre C.

Trabaja 7 vueltas con el estambre C.

Corta el estambre y remata.

Cose todos los cabos sueltos.

Texturizando el panel frontal

Dobla el panel a la mitad con los lados del revés juntos, usando un hilo de algodón cóselo con una puntada corrida. Esto le ayudará a mantener su forma a la hora de texturizarlo. Usando la parte dura del velcro, jala suavemente la superficie del panel haciendo pelusa para ayudar a que se texturice mejor. Colócalo en la lavadora y lávalo a 40°. Coloca un par de jeans o algo similar en peso para que ayude al proceso. No pongas toallas, ya que se llenarán de pelusas. Podría ser necesario repetir el proceso para alcanzar la medida correcta.

Hoja (hacer 3 — 1 con el estambre E, F y G).

Usando el gancho de 3 mm y el estambre E hacer
12 cadenas.

Vuelta 1: 1 mp en la 2 cadena a partir del gancho, 1 mp en las siguientes 9 c, 3 mp en la última c, luego trabaja de regreso por el otro lado a lo largo del otro lado de la base de la cadena con 1 mp en las siguientes 8 cadenas, voltea.

Vuelta 2: 1 c, 1 mp en el 1er mp, 1 mp en los siguientes 8 mp, 3 mp en el siguiente mp, 1 mp en los siguientes 9 mp, voltea.

Vuelta 3: 1 c, 1 mp en el 1er mp, 1 mp en los siguientes 9 mp, 3 mp en el siguiente mp, 1 mp en los siguientes 8 mp, voltea.

Vuelta 4: 1 c, 1 mp en el 1er mp, 1 mp en los siguientes 8 mp, 3 mp en el siguiente mp, 1 mp en los siguientes 9 mp, voltea.

Vuelta 5: 1 c, 1 mp en el 1er mp, 1 mp en los siguientes 9 mp, 3 mp en el siguiente mp, 1 mp en los siguientes 8 mp, voltea.

Vuelta 6: 1 c, 1 mp en el 1er mp, 1 mp en los siguientes 8 mp, 3 mp en el siguiente mp, 1 mp en los siguientes 9 mp, voltea.

Vuelta 7: 1 c, 1 mp en el 1er mp, 1 mp en los siguientes 10 mp, pd en el siguiente mp.

Corta el estambre y remátalo.
Cose los cabos sueltos.

Flor (hacer 3)

Usando el gancho de 3 mm y el estambre D hacer
45 cadenas.

Vuelta 1: 1c, 1 mp en la 2 cadena a partir del gancho, 1 mp en cada mp hasta el final, voltea.

Vuelta 2: 3c (cuenta como 1 puntada m), pierde 1 puntada mp, 2 m en cada mp hasta el final, voltea (89 puntadas)

Vuelta 3: 1c, 1 mp en 1 puntada m, * pierde 3 m, 7 m en el siguiente m, pierde 3 m, 1 mp en el siguiente m, repetir desde * hasta el final trabajando el último mp en la parte superior de 3 cadenas al inicio de la vuelta anterior.

Corta el estambre y remátalo.
Coser los extremos sueltos del estambre.
Enrolla la flor en forma de cono, y ponle una puntada base para asegurarla.

Panel trasero (TELA)

Corta la tela aprox. 2.5 cm más ancha que el panel delantero.

Con el lado del revés de frente, dobla un pliegue de aprox. 2.5 cm por la orilla de la tela y presiónalo con la plancha de vapor para formar el pliegue. Asegúrala a la orilla exterior del cojín y usando la puntada de dobladillo, cose 3 lados del cojín, inserta el relleno y cierra el último lado.

Manta de cuadros

Cuando llega el invierno, nada se compara con acurrucarse en una manta con una bebida caliente y un buen libro. Esta manta es ideal; cada cuadrado está hecho con el mismo patrón básico, pero se le da una apariencia diferente al cambiar los colores de lugar. A pesar de ser un proyecto largo, cada cuadrado se trabaja de forma independiente, volviéndolo así un gran proyecto para retomar cuando tengas un poco de tiempo.

Clasificación

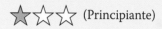 (Principiante)

Tamaño terminado

Medidas actuales: ancho 47 cm, largo 148 cm

Materiales

- **Estambre:** Rowan, algodón mercerizado (aprox. una bola 140 m × 50 g)
  A- Azul brillante (3)
  B- Azul claro (3)
  C- Rojo (3)
  D- Verde fuerte (3)
  E- Crema (3)
  F- Verde claro (3)
- **Gancho:** 4 mm

Tensión

1 × 10 medidas en vueltas por cuadrado 17 cm

Abreviaciones

Ver página 125

Secuencia de rayas en los cuadrados (hacer 2 de cada uno):

1. 3 rojo, 2 azul claro, 1 crema, 4 azul brillante
2. 4 azul brillante, 1 rojo, 5 azul claro
3. 5 rojo, 2 crema, 1 azul claro, 2 verde fuerte
4. 6 azul claro, 2 verde fuerte, 2 rojo
5. 6 crema, 2 rojo, 2 azul brillante
6. 6 rojo, 4 azul brillante
7. 5 crema, 5 verde fuerte
8. 5 verde, 1 crema, 4 rojo
9. 3 verde fuerte, 5 rojo, 2 azul
10. 5 verde, 1 rojo, 4 azul claro
11. 5 azul claro, 3 azul brillante, 2 verde fuerte
12. 3 azul brillante, 4 azul claro, 3 rojo
13. 5 verde fuerte, 5 azul brillante
14. 7 rojo, 1 crema, 2 azul claro
15. 3 azul claro, 3 rojo, 4 verde fuerte
16. 5 azul brillante, 2 verde fuerte, 3 rojo
17. 6 azul claro, 4 azul brillante
18. 5 crema, 5 azul brillante
19. 5 azul brillante, 5 verde fuerte
20. 6 azul claro, 4 rojo

Patrón básico del cuadrado (trabajar 40 cuadrados en total)
Usando el gancho de 4 mm hacer 4 c, pd en la primera puntada de la cadena para hacer un círculo.

Vuelta 1: 6c (cuenta como 1 m y 3 c), * 3 m en el anillo, 3c, repetir desde * dos veces más, 2 m en el anillo, pd en la 3er cadena de 6 al inicio de la vuelta.

Vuelta 2: Pd en los siguientes 3 espacios de cadena, 6c (cuenta como 1m y 3 c), 1 m en los mismo 3 espacios de la cadena, 1 m en las siguientes 3 puntadas, 1 m en los siguientes 3 espacios de cadena, * 3c, 1 m en los mismo 3 espacios de la cadena, 1 m en las siguientes 3 puntadas, 1 m en los siguientes 3 espacios de la cadena, repetir desde * una vez más, 3c, 1 m en los mismos 3 espacios de la cadena, 1 m en las siguientes 3 puntadas, pd en la 3er cadena de 6 al inicio de la vuelta.

Vuelta 3: Pd en los tres espacios de la cadena, 6 (cuenta como 1m y 3 c), 1 m en los mismos 3 espacios de cadena, 1 m en las siguientes 5 puntadas, 1 m en los siguientes 3 espacios de cadena, * 3c, 1 m en los mismos 3 espacios de cadena, 1 m en las siguientes 5 puntadas, 1 m en los siguientes 3 espacios de cadena, repetir desde * una vez más, 3c, 1 m en los mismos 3 espacios de la cadena, 1 m en las siguientes 5 puntadas, pd en la 3er cadena de 6 al inicio de la vuelta.

Vuelta 4: Pd en los tres espacios de la cadena, 6 (cuenta como 1m y 3 c), 1 m en los mismos 3 espacios de la cadena, 1 m en las siguientes 7 puntadas, 1 m en los siguientes 3 espacios de cadena, * 3c, 1 m en los mismos 3 espacios de cadena, 1 m en las siguientes 7 puntadas, 1 m en los siguientes 3 espacios de cadena, repetir desde * una vez más, 3c, 1 m en los mismos 3 espacios de la cadena, 1 m en las siguientes 7 puntadas, pd en la 3er cadena de 6 al inicio de la vuelta.

Vuelta 5: Pd en los tres espacios de la cadena, 6 (cuenta como 1m y 3 c), 1 m en los mismos 3 espacios de la cadena, 1 m en las siguientes 9 puntadas, 1 m en los siguientes 3 espacios de cadena, * 3c, 1 m en los mismos 3 espacios de cadena, 1 m en las siguientes 9 puntadas, 1 m en los siguientes 3 espacios de cadena, repetir desde * una vez más, 3c, 1 m en los mismos 3 espacios de la cadena, 1 m en las siguientes 9 puntadas, pd en la 3er cadena de 6 al inicio de la vuelta.

Vuelta 6: Pd en los tres espacios de la cadena, 6 (cuenta como 1m y 3 c), 1 m en los mismos 3 espacios de la cadena, 1 m en las siguientes 11 puntadas, 1 m en los siguientes 3 espacios de cadena, * 3c, 1 m en los mismos 3 espacios de cadena, 1 m en las siguientes 11 puntadas, 1 m en los siguientes 3 espacios de cadena, repetir desde * una vez más, 3c, 1 m en los mismos 3 espacios de la cadena, 1 m en las siguientes 11 puntadas, pd en la 3er cadena de 6 al inicio de la vuelta.

Vuelta 7: Pd en los tres espacios de la cadena, 6 (cuenta como 1m y 3 c), 1 m en los mismos 3 espacios de la cadena, 1 m en las siguientes 13 puntadas, 1 m en los siguientes 3 espacios de cadena, * 3c, 1 m en los mismos 3 espacios de cadena, 1 m en las siguientes 13 puntadas, 1 m en los siguientes 3 espacios de cadena, repetir desde * una vez más, 3c, 1 m en los mismos 3 espacios de la cadena, 1 m en las siguientes 13 puntadas, pd en la 3er cadena de 6 al inicio de la vuelta.

Vuelta 8: Pd en los tres espacios de la cadena, 6 (cuenta como 1m y 3 c), 1 m en los mismos 3 espacios de la cadena, 1 m en las siguientes 15 puntadas, 1 m en los siguientes 3 espacios de cadena, * 3c, 1 m en los mismos 3 espacios de cadena, 1 m en las siguientes 15 puntadas, 1 m en los siguientes 3 espacios de cadena, repetir desde * una vez más, 3c, 1 m en los mismos 3 espacios de la cadena, 1 m en las siguientes 15 puntadas, pd en la 3er cadena de 6 al inicio de la vuelta.

Vuelta 9: Pd en los tres espacios de la cadena, 6 (cuenta como 1m y 3 c), 1 m en los mismos 3 espacios de la cadena, 1 m en las siguientes 17 puntadas, 1 m en los siguientes 3 espacios de cadena, * 3c, 1 m en los mismos 3 espacios de cadena, 1 m en las siguientes 17 puntadas, 1 m en los siguientes 3 espacios de cadena, repetir desde * una vez más, 3c, 1 m en los mismos 3 espacios de la cadena, 1 m en las siguientes 17 puntadas, pd en la 3er cadena de 6 al inicio de la vuelta.

Vuelta 10: Pd en los tres espacios de la cadena, 6 (cuenta como 1m y 3 c), 1 m en los mismos 3 espacios de la cadena, 1 m en las siguientes 19 puntadas, 1 m en los siguientes 3 espacios de cadena, * 3c, 1 m en los mismos 3 espacios de cadena, 1 m en las siguientes 19 puntadas, 1 m en los siguientes 3 espacios de cadena, repetir desde * una vez más, 3c, 1 m en los mismos 3 espacios de la cadena, 1 m en las siguientes 19 puntadas, pd en la 3er cadena de 6 al inicio de la vuelta.
Corta el estambre y remátalo.

Para terminar

Cose todos los cabos sueltos.
Bloquea y presiona cada cuadrado.
Usando la tabla de abajo cose cada cuadrado
junto.

1	2	3	4	5
6	7	8	9	10
11	12	13	14	15
16	17	18	19	20
5	10	15	12	1
2	11	8	13	6
3	16	9	14	19
4	17	18	7	20

Orilla
Usando el gancho de 4 mm y el estambre F une
el estambre en la parte superior del 5° cuadrado
en la esquina de 3 espacios de cadena.
Vuelta 1: 2c * 1m en cada uno de los m a lo
largo de la orilla exterior del cuadrado, 1m
en la 1er cadena de 3 espacios de cadena,
1m en la costura, 1m en la 1er cadena de los
siguientes espacios de 3c, repetir desde * a lo
largo de toda la orilla exterior trabajando 3m en
las esquinas de los espacios de 3 cadenas
colocar un marcador en el centro de la puntada
de 3m **, luego repetir desde *hasta ** hacia
abajo del lado izquierdo de la manta, después
por la orilla exterior de la manta y arriba a la
derecha de la manta, trabajando 3m en el 1er
espacio de la puntada deslizada (coloca un
marcador en la puntada del centro de 3m) en la
parte superior de la 2 cadena al inicio de cada
vuelta.
Vuelta 2: 2c, * 1m en cada uno de los m
marcados, 3m en la puntada marcada, coloca
un marcador en la puntada central del 3m,
repetir desde * tres veces más, 1m en la
siguiente puntada, pd en la parte superior de
2c al inicio de la vuelta.
Repite vuelta 2, tres veces más.
Corta el estambre y remátalo.
Bloquea y presiona.

Guantes de cocina

Estos guantes de cocina son muy sencillos de hacer y son un perfecto accesorio. Están hechos con medio punto, aunque las orillas curvas se trabajan con las técnicas de agregar y quitar. El suave estambre de algodón se realza con las almohadillas de contraste.

Clasificación

 (Principiante)

Tamaño terminado

Medidas actuales: ancho 18 cm; largo 82 cm

Materiales

- **Estambre:** Rowan, 100 algodón (aprox. una bola 85 m × 50 g)
  A-Rojo (3)
  B- Azul marino (1)
- **Gancho:** 4 mm y 3 mm

Tensión

Usando el gancho de 4 mm aprox. 15.5 puntadas a 18 vueltas sobre 10 cm de medio punto

Abreviaciones

Ver página 125

Parte trasera

Usando el gancho de 4 mm y el estambre A hacer 21c.

Vuelta 1: 1c, 1mpen la 2 cadena a partir del gancho, 1 mp en cada c hasta el final, voltea. (21 puntadas)

Vuelta 2: 1c, 1 mp en las primeras 2 puntadas, 2 mp en la siguiente puntada, 1 mp en cada puntada hasta las últimas 3 puntadas, 2 mp en la siguiente puntada, 1 mp en las siguientes 2 puntadas, voltea, (23 puntadas)

Vuelta 3: Como en la vuelta 2. (25 puntadas)

Vuelta 4: Como en la vuelta 2. (27 puntadas)

Vuelta 5: 1c, 1 mp en la primera puntada, 1 mp en cada puntada hasta el final, voltea.

Trabaja 139 vueltas como la vuelta 5.

Vuelta 145: 1c, 1mp en los primeros 2 mp, 2 mp juntos como se indica: inserta el gancho en la siguiente puntada, enreda estambre en el gancho y deslízalo por los dos anillos que están en el gancho, inserta el gancho en la siguiente puntada, enreda estambre en el gancho y deslízalo a través de los 3 anillos del gancho, enreda estambre en el gancho y pásalo por los 3 anillos, 1 mp en cada puntada hasta las últimas 4 puntadas, 2 mp juntos, 1 mp en las 2 últimas puntadas, voltea. (25 puntadas)

Vuelta 146: Como en la vuelta 145. (23 puntadas)

Vuelta 147: Como en la vuelta 145. (21 puntadas)

Vuelta 148: 1c, 1 mp en la 1er puntada, 1 mp en cada puntada hasta el final.

Corta el estambre y remátalo.

Bolsas (hacer 2)

Usando el gancho de 4 mm y el estambre A hacer 21 c.

Vuelta 1: 1c, 1 mp en la 2 cadena a partir del gancho, 1 mp en cada cadena hasta el final, voltea. (21 puntadas)

Vuelta 2: 1c, 1 mp en las 1eras 2 puntadas, 2 mp en la siguiente puntada, 1 mp en cada puntada hasta las últimas 3 p, 2 mp en la siguiente p, 1 mp en las últimas 2 p, voltea. (23 puntadas)

Vuelta 3: Como en la vuelta 2. (25 p)

Vuelta 4: Como en la vuelta 2. (27 p)

Vuelta 5: 1c, 1mpen la 1er puntada, 1 mp en cada puntada hasta el final, voltea.

Trabaja 30 vueltas más como en la vuelta 5.

Corta el estambre y remátalo.

Almohadillas de contraste (hacer 2)

Usando el gancho de 4 mm y el estambre B hacer 19 c.

Vuelta 1: 1c, 1 mp en la 2 cadena a partir del gancho, 1 mp en cada cadena hasta el final, voltea. (19 p)

Vuelta 2: 1c, 1 mp en las 1eras 2 puntadas, 2 mp en la siguiente puntada, 1 mp en cada puntada hasta las últimas 4 puntadas, 2 mp en la siguiente p, 1 mp en la últimas 2 p, voltea. (21 p)

Vuelta 3: Como en la vuelta 2. (23 p)

Vuelta 4: Como en la vuelta 2. (25 p)

Vuelta 5: 1c, 1 mp en la 1er puntada, 1 mp en cada puntada hasta el final, voltea.

Trabaja 26 vueltas como en la vuelta 5.

Corta el estambre y remátalo.

Para terminar

Cose todos los extremos sueltos del estambre, bloquea y presiona las piezas. Coloca las almohadillas de contraste en la orilla curva que le corresponde empatándolas aprox. 2 vueltas desde el borde inferior. Asegúralas al tejido, y luego cóselas en el sitio usando el punto atrás.

Coloca las bolsas en los lados opuestos de las almohadillas de contraste y empata las orillas curvas. Asegúralas al tejido y luego dales unas puntadas alrededor del borde exterior, usando las técnicas para coser que se describen en esa sección.

Adorno orilla exterior

Usa el gancho de 3 mm, con la parte superior de la bolsa viendo la unión del estambre B al 1er mp del lado derecho de la parte superior de la bolsa. Trabaja alrededor de la orilla exterior de los guantes como se indica: Trabaja 1 c en la parte superior de cada mp por toda la parte superior del guante, luego trabaja 54 mp uniformemente a lo largo de la orilla lateral hacia la siguiente bolsa, trabaja mp alrededor de puntadas y cadenas de vuelta, después trabaja 1 mp en cada puntada deslizada a lo largo de la parte superior de la 2a bolsa. Ahora dobla los guantes a la mitad y coloca un marcador en el punto central, trabaja aprox. 27 mp a lo largo de la orilla externa hasta que llegues al marcador, haz 10c y luego trabaja 27 mp por la orilla hacia la parte superior de la primera bolsa. Termina la vuelta, trabajando una puntada deslizada en la parte superior de 1c hecha al inicio de la vuelta.

Siguiente vuelta: 1c, 1mp en cada mp alrededor de la orilla exterior hasta que llegues al anillo, trabaja 12mp alrededor del anillo, luego 1mp en cada mp restante hasta el final, pd en la parte superior de la c al inicio de la vuelta.

Cose los extremos sueltos del estambre y suavemente presiona para aplanar y estirar ligeramente.

Medio delantal de crochet

Este proyecto está inspirado en el clásico delantal de un carnicero. El fondo azul oscuro ocultará las manchas y salpicaduras. Se realiza alternando vueltas de medio punto y medio punto extendido, el material es flexible y compacto.

Clasificación

 (Principiante)

Tamaño terminado

Medidas actuales: ancho 63 cm; largo 42 cm

Materiales:

- **Estambre:** Rowan algodón cristal, 100% algodón (aprox. una bola 115 m × 50 g)
- A- Azul (1)
- B- Rojo (1)
- C- Verde (1)
- D- Rosa (1)
- **Gancho:** 3 mm

Tensión

Usando el gancho de 3 mm aprox. 20 puntadas y 18 vueltas sobre 10 cm de patrón trabajado en 1 vuelta de mp y una vuelta de mp extendido alternadamente

Abreviaciones

mpex - medio punto extendido, se trabaja de la siguiente manera: Inserta el gancho en la puntada, enreda estambre en el gancho y deslízalo por debajo del primer anillo en el gancho, enreda estambre en el gancho y deslízalo a través de los dos anillos en el gancho

También ver página 125

Secuencia de rayas todo el tiempo

1-6: A
7-8: B
9-14: A
15-16: C
17-22: A
23-24: D

Usando el gancho de 3mm y el estambre A hacer 76c.

Vuelta 1: 1c, 1mp en la 2ª c a partir del gancho, 1mp en cada c hasta el final, voltea. (76 p)

Vuelta 2: 1c, 1mpex en el 1er mp trabajado como se explica: Inserta el gancho en la puntada, enreda estambre en el gancho y pásalo, enreda estambre en el gancho y deslízalo por abajo del 1er anillo en el gancho, enreda estambre en el gancho y pásalo a través de los dos anillos en el gancho, trabaja 1mpex en cada puntada hasta el final, voltea.

Vuelta 3: 1c, 1mp en el 1er mpex, 1mp en cada mpex hasata las 2 últimas puntadas, trabaja 2 mp en la siguiente p, 1mp en la última puntada, voltea. (77 p)

Vuelta 4: 1c, 1mpex en la 1era p, 1mpex en cada p hasta el final, voltea.

Vuelta 5: 1c, 1mp en la 1era p, 1mp en cada p hasta el final, voltea.

Vuelta 6: 1c, 1mpex en la 1era p, 1mpex en cada p hasta el final, voltea.

Corta el estambre A y cambia al estambre B.

Vuelta 7: 1c, 1mp en la 1era p, 1mp en cada p hasta las últimas 2p, trabaja 2mp en la siguiente p, 1mp en la última p, voltea. (78 p)

Vuelta 8: 1c, 1mpex en la 1era p, 1mpex en cada p hasta el final, voltea.

Corta el estambre B y cambia al estambre A.

Vuelta 9: 1c, 1mp en la 1era p, 1mp en cada p hasta el final, voltea.

Vuelta 10: 1c, 1mpex en la 1era p, 1mpex en cada p hasta el final, voltea.

Vuelta 11: 1c, 1mp en la 1era p, 1mp en cada p hasta las últimas 2 p, trabaja 2mp en la siguiente p, 1mp en la última p, voltea. (79 p)

Vuelta 12: 1c, 1 mpex en la 1era p, 1mpex en cada p siguiente hasta el final, voltea.

Vuelta 13: 1c, 1mp en la 1era p, 1 mp en cada puntada hasta el final, voltea.

Vuelta 14: 1c, 1 mpex en la 1era p, 1mpex en cada p siguiente hasta el final, voltea.

Corta el estambre A y cambia al estambre C.

Vuelta 15: 1c, 1mp en la 1era p, 1mp en cada p hasta las últimas 2p, trabaja 2mp en la siguiente p, 1mp en la última p, voltea. (80 p)

Vuelta 16: 1c, 1 mpex en la 1era p, 1mpex en cada p siguiente hasta el final, voltea.

Corta el estambre C y cambia al estambre A.

Vuelta 17: 1c, 1mp en la 1era p, 1 mp en cada puntada hasta el final, voltea.

Vuelta 18: 1c, 1 mpex en la 1era p, 1mpex en cada p siguiente hasta el final, voltea.

Vuelta 19: 1c, 1mp en la 1era p, 1mp en cada p hasta las últimas 2p, trabaja 2mp en la siguiente p, 1mp en la última p, voltea. (81 p)

Vuelta 20: 1c, 1 mpex en la 1era p, 1mpex en cada p siguiente hasta el final, voltea.

Vuelta 21: 1c, 1mp en la 1era p, 1 mp en cada puntada hasta el final, voltea.

Vuelta 22: 1c, 1 mpex en la 1era p, 1mpex en cada p siguiente hasta el final, voltea.

Corta el estambre A y cambia al estambre D.

Vuelta 23: 1c, 1mp en la 1era p, 1mp en cada p hasta las últimas 2p, trabaja 2mp en la siguiente p, 1mp en la última p, voltea. (82 p)

Vuelta 24: 1c, 1 mpex en la 1era p, 1mpex en cada p siguiente hasta el final, voltea.

Vuelta 25: 1c, 1mp en la 1era p, 1mp en cada p hasta el final, voltea.

Vuelta 26: 1c, 1 mpex en la 1era p, 1mpex en cada p siguiente hasta el final, voltea.

Vuelta 27: 1c, 1mp en la 1era p, 1mp en cada p hasta las últimas 2p, trabaja 2mp en la siguiente p, 1mp en la última p, voltea. (83 p)

Vuelta 28: 1c, 1 mpex en la 1era p, 1mpex en cada p siguiente hasta el final, voltea.

Vuelta 29: 1c, 1mp en la 1era p, 1mp en cada p hasta el final, voltea.

Vuelta 30: 1c, 1 mpex en la 1era p, 1mpex en cada p siguiente hasta el final, voltea.

Vuelta 31: 1c, 1mp en la 1era p, 1mp en cada p hasta las últimas 2p, trabaja 2mp en la siguiente p, 1mp en la última p, voltea. (84 p)

Vuelta 32: 1c, 1 mpex en la 1era p, 1mpex en cada p siguiente hasta el final, voltea.

Corta el estambre B y cambia al estambre A.

Vuelta 33: 1c, 1mp en la 1era p, 1 mp en cada puntada hasta el final, voltea.

Vuelta 34: 1c, 1 mpex en la 1era p, 1mpex en cada p siguiente hasta el final, voltea.

Vuelta 35: 1c, 1mp en la 1era p, 1mp en cada p hasta las últimas 2p, trabaja 2mp en la siguiente p, 1mp en la última p, voltea. (85 p)

Vuelta 36: 1c, 1 mpex en la 1era p, 1mpex en cada p siguiente hasta el final, voltea.

Vuelta 37: 1c, 1mp en la 1era p, 1 mp en cada puntada hasta el final, voltea.

Vuelta 38: 1c, 1 mpex en la 1era p, 1mpex en cada p siguiente hasta el final, voltea.

Corta el estambre A y cambia al estambre C.

Vuelta 39: 1c, 1mp en la 1era p, 1 mp en cada puntada hasta el final, voltea.

Vuelta 40: 1c, 1 mpex en la 1era p, 1mpex en cada p siguiente hasta el final, voltea.

Corta el estambre C y cambia al estambre A.

Vuelta 41-84: Trabaja el patrón como se establece, mantén la secuencia de rayas correcta, termina después de 4 vueltas con el estambre A.

Vuelta 85: 1c, 1mp en la 1era p, 1mp en cada p hasta la últimas 3p, 2mp juntos sobre las 2 siguientes p como se indica: Inserta el gancho en la p, enreda estambre en el gancho y pásalo, enreda estambre en la gancho y pásalo a través de los 3 anillos en el gancho, 1mp en la última p, voltea. (84 p)

Vuelta 86: 1c, 1 mpex en la 1era p, 1mpex en cada p siguiente hasta el final, voltea.

Vuelta 87: 1c, 1mp en la 1era p, 1 mp en cada puntada hasta el final, voltea.

Vuelta 88: 1c, 1 mpex en la 1era p, 1mpex en cada p siguiente hasta el final, voltea.

Vuelta 89: 1c, 1mp en la 1era p, 1mp en cada p hasta las últimas 3p, 2mp juntos 1m en la última p, voltea. (83 p)

Vuelta 90: 1c, 1 mpex en la 1era p, 1mpex en cada p siguiente hasta el final, voltea.

Vuelta 91: 1c, 1mp en la 1era p, 1 mp en cada puntada hasta el final, voltea.

Vuelta 92: 1c, 1 mpex en la 1era p, 1mpex en cada p siguiente hasta el final, voltea.

Vuelta 93: 1c, 1mp en la 1era p, 1m en cada p hasta las últimas 3p, 2mp juntos 1m en la última p, voltea. (82 p)

Vuelta 94: 1c, 1 mpex en la 1era p, 1mpex en cada p siguiente hasta el final, voltea.

Corta el estambre A y cambia al estambre D.

Vuelta 95: 1c, 1mp en la 1era p, 1 mp en cada puntada hasta el final, voltea.

Vuelta 96: 1c, 1 mpex en la 1era p, 1mpex en cada p siguiente hasta el final, voltea.

Corta el estambre D y cambia al estambre A.

Vuelta 97: 1c, 1mp en la 1era p, 1m en cada p hasta las últimas 3p, 2mp juntos 1m en la última p, voltea. (81 p)

Vuelta 98: 1c, 1 mpex en la 1era p, 1mpex en cada p siguiente hasta el final, voltea.

Vuelta 99: 1c, 1mp en la 1era p, 1 mp en cada puntada hasta el final, voltea.

Vuelta 100: 1c, 1 mpex en la 1era p, 1mpex en cada p siguiente hasta el final, voltea.

Vuelta 101: 1c, 1mp en la 1era p, 1m en cada p hasta las últimas 3p, 2mp juntos 1m en la última p, voltea. (80 p)

Vuelta 102: 1c, 1 mpex en la 1era p, 1mpex en cada p siguiente hasta el final, voltea.

Corta el estambre A y cambia al estambre B.

Vuelta 103: 1c, 1mp en la 1era p, 1 mp en cada puntada hasta el final, voltea.

Vuelta 104: 1c, 1 mpex en la 1era p, 1mpex en cada p siguiente hasta el final, voltea.

Corta el estambre B y cambia al estambre A.

Vuelta 105: 1c, 1mp en la 1era p, 1m en cada p hasta las últimas 3p, 2m juntos 1m en la última p, voltea. (79 p)

Vuelta 106: 1c, 1 mpex en la 1era p, 1mpex en cada p siguiente hasta el final, voltea.

Vuelta 107: 1c, 1mp en la 1era p, 1 mp en cada puntada hasta el final, voltea.

Vuelta 108: 1c, 1 mpex en la 1era p, 1mpex en cada p siguiente hasta el final, voltea.

Vuelta 109: 1c, 1mp en la 1era p, 1m en cada p hasta las últimas 3p, 2m juntos 1m en la última p, voltea. (78 p)

Vuelta 110: 1c, 1 mpex en la 1era p, 1mpex en cada p siguiente hasta el final, voltea.

Corta el estambre A y cambia al estambre C

Vuelta 111: 1c, 1mp en la 1era p, 1 mp en cada puntada hasta el final, voltea.

Vuelta 112: 1c, 1 mpex en la 1era p, 1mpex en cada p siguiente hasta el final, voltea.

Corta el estambre C y cambia al estambre B

Vuelta 113: 1c, 1mp en la 1era p, 1m en cada p hasta las últimas 3p, 2m juntos 1m en la última p, voltea. (77 p)

Vuelta 114: 1c, 1 mpex en la 1era p, 1mpex en cada p siguiente hasta el final, voltea.

Vuelta 115: 1c, 1mp en la 1era p, 1 mp en cada puntada hasta el final, voltea.

Vuelta 116: 1c, 1 mpex en la 1era p, 1mpex en cada p siguiente hasta el final, voltea.

Vuelta 117: 1c, 1mp en la 1era p, 1m en cada p hasta las últimas 3p, 2m juntos 1m en la última p, voltea. (76 p)

Vuelta 118: 1c, 1 mpex en la 1era p, 1mpex en cada p siguiente hasta el final, voltea.

Corta el estambre y remátalo.

Bolsa

Usando el gancho de 3 mm hacer 62p.

Vuelta 1: 1c, 1mp en la 2a c partiendo del gancho, 1mp en cada c hasta el final, voltea. (62p)

Vuelta 2: 1c, 1 mpex en la 1era p, 1mpex en cada p siguiente hasta el final, voltea.

Repetir los 2 patrones en vueltas a lo largo del trabajo en la secuencia de rayas como se muestra al inicio de la vuelta del patrón hasta que hayas trabajado la vuelta 24, luego repite las vueltas 1-14 nuevamente.

Cortar el estambre y rematarlo.

Lazos del delantal

Usando el estambre A y el gancho de 3mm hacer 11c.

Vuelta 1: 1c, 1mp en la 2ª c a partir del gancho, 1mp en cada c hasta el final, voltea. (11 p)

Vuelta 2: 1c, 1mp en la 1era p, 1mp en cada p hasta el final, voltea.

Repetir la vuelta 2 hasta que el trabajo mida 250 cm.

Cortar el estambre y rematarlo.

Para terminar

Cose los extremos sueltos del estambre en la parte del revés del trabajo, bloquea y presiona todas las piezas.

BOLSAS: Asegura con alfileres la bolsa al delantal con la última vuelta en la parte superior para la apertura de la bolsa y aprox. a 18p de la parte superior del delantal. Cósela usando el estambre A y con punto atrás.

LAZOS DEL DELANTAL: El lazo es de aprox. 5 cm de ancho. Dobla el lazo a la mitad para que quede de 2.5cm, luego presiona suavemente para formar un pliegue. Después marca el punto central, aprox. 125cm de la orilla y empátalo con el punto central de la parte superior del delantal, aprox. 31.5cm de la orilla. Asegura con alfileres el trabajo en esta posición, luego cose con punto atrás.

Cojín para exterior

Este cojín es perfecto para las tardes de verano en el jardín o incluso para un picnic. El estambre usado es una mezcla de seda y algodón, el cual es suave y durable e ideal para el exterior.

Clasificación

★☆☆ (Principiante)

Tamaño terminado
Medidas actuales: 45 cm^2

Materiales
- **Estambre:** Rowan 70% seda y 30% mezcla
  A- Verde (3)
  B- Avena (3)
- 4 botones
- **Gancho:** 4 mm

Tensión
Usando el gancho de 4 mm aprox. 19p y 16 vueltas sobre 10 cm del patrón

Abreviaciones
Ver página 125

Cuadrados texturizados

Hacer 4 en el estambre A y 4 en el estambre B.
Usando el gancho de 4mm hacer 39c.

Vuelta 1: 1c. 1 mp en la 2ª c a partir del gancho, 1mp en cada c hasta el final, voltea. (39p)

Vuelta 2: 1c, 1mp en el 1er mp, * 1c, pierde 1mp, 1 mp en el siguiente mp, repetir desde * hasta el final, voltea.

Vuelta 3: 2c, pierde el 1er mp, 1mp en el 1er espacio de la cadena, * 1c, pierde el siguiente mp, 1 mp en el siguiente espacio de la cadena, repetir desde * hasta 1era p, 1mp en el último mp, voltea.

Vuelta 4: 1c, 1mp en el 1er mp,* 1c, pierde 1mp, 1mp en el siguiente mp, repetir desde * hasta el final.

Siguiente vuelta: 1c, 1mp en el 1er mp, * 1mp en el espacio de la cadena, 1mp en el siguiente mp, repetir desde * hasta el final.

Cortar el estambre y rematarlo.

Solapa del cojín

Hacer 1 con el estambre A y 1 con el estambre B.
Trabaja como se explicó para los cuadrados texturizados las vueltas 1-3.
Coloca los ojales.

Vuelta 4: 1c. pierde 1er mp, 1mp en el espacio de la cadena, (1c, pierde 1mp, 1mp en los siguientes 3 espacios de la cadena) 3 veces, 3c, pierde (1mp, 1 espacio de cadena y 1mp) (1mp en el siguiente espacio de la cadena, 1c, pierde 1mp) 9 veces, 2c, pierde (1 espacio de la cadena y 1 mp) * 1mp en el siguiente espacio de la cadena, 1c, pierde 1mp, repetir desde * hasta el final, trabajando el último mp en cadena de vuelta al final de la vuelta, voltea. Repetir la vuelta 3 de los cojines texturizados 10 veces más.

Siguiente vuelta: 1c, 1mp en el 1er mp, * mp en el espacio de la cadena, 1mp en el siguiente mp, repetir desde * hasta el final.

Cortar el estambre y rematarlo.

Para terminar

Cose todos los extremos sueltos del estambre.
Bloquea y presiona.

Haz el panel frontal y trasero de la siguiente manera:
Usando la foto como guía, hacer un patrón de prueba con 4 cuadrados, únelos.
Cose la base y las costuras laterales dejando la parte superior abierta. Cose los 2 rectángulos de la solapa y luego únelos al panel frontal. Cose los botones en el panel trasero para hacerlos coincidir con los ojales.

Estuche de crochet para ganchos

Este proyecto es maravilloso para practicar el medio punto y también para cambiar de color y mantener las orillas derechas. Las rayas en el diseño utilizan poco estambre, así que es muy buena opción para utilizar los sobrantes de los otros proyectos. Lo único que hay que recordar es que los estambres sean del mismo peso. Si quieres, puedes agregar un poco de bordado en el frente o incluso un par de botones contrastantes, ¡deja que tu imaginación vuele!

Clasificación

 (Principiante)

Tamaño terminado

Medidas actuales: ancho 10.5 cm; largo 31.5 cm

Materiales

- **Estambre:** Rowan, 100% algodón (aprox. una bola 85 m × 50 g)
  A- Lila (1)
  B- Rosa (1)
  C- Naranja (1)
  D- Amarillo (1)
  E- Verde (1)
- Gancho 4 mm
- **Tela:** 1 rectángulo de fieltro de aprox. 24 cm × 30 cm
- 20 cm de resorte
- 2 botones grandes
- Aguja de coser e hilo de algodón

Tensión

Usando el gancho de 4 mm aprox. 16p y 18 vueltas sobre 10 cm de medio punto

Abreviaciones

Ver página 125

Usando el gancho de 3mm y el estambre A hacer 54c.
Asegúrate de no hacer la cadena muy apretada.

Vuelta 1: 1c, 1mp en la 2ª c a partir del gancho, 1mp en
cada c hasta el final, voltea. (54p)

Vuelta 2: 1c, 1mp en la 1er p, 1mp en cada p hasta el final,
voltea.

Vuelta 3-4: Como en la vuelta 2.
Corta el estambre A y cambia al estambre B.

Vuelta 5-8: Como en la vuelta 2.
Corta el estambre B y cambia al estambre C.

Vuelta 9-12: Como en la vuelta 2.
Corta el estambre C y cambia al estambre D.

Vuelta 13-16: Como en la vuelta 2.
Corta el estambre D y cambia al estambre E.

Vuelta 17-20: Como en la vuelta 2.
Corta el estambre, remata y cose todos los extremos sueltos
de estambre.

Bloquea y presiona el tejido

Recorta 2 rectángulos de la tela de fieltro – uno que mida
10cm × 31cm y el otro 10cm × 14cm.

Asegura con alfileres el rectángulo pequeño a la parte
inferior del grande y cóselo en esta posición por la orilla
exterior para fijarlo. Asegúrate de dejar la sección superior
abierta, ya que ésta será la parte por donde meterás los
ganchos. Divide la bolsa en 3 secciones con puntadas de
arriba hacia abajo, puedes usar el punto atrás o la puntada
de dobladillo. Usa los alfileres como guía para que cosas en
línea recta.

Corta el resorte a la mitad y hazle unos nudos a las dos
orillas juntas para formar dos anillos. Colócalos con
alfileres al revés o lo que será el lado interno de la bolsita, al
centro, en la parte inferior de las rayas 2 y 4.

Coloca el fieltro (bolsa hacia arriba) en el tejido de crochet
y ponlo en posición con los alfileres. Dale unas puntadas
alrededor de la orilla exterior con punto atrás o con la
puntada de dobladillo. Cuando llegues a los anillos de
resorte, recuerda quitar los alfileres y darles unas puntadas
sobre el resorte varias veces para que queden bien seguros.

Dobla el estuche a la mitad a lo largo y cose los botones por
fuera, empatándolos con los anillos del resorte.

Tip: Para evitar tener que coser los
extremos sueltos de estambre,
trata de hacerlo conforme avanzas; cuando
insertes el gancho en la puntada, sujétalos a la
parte superior del trabajo sobre la parte
superior del gancho, trabaja la puntada como
lo haces normalmente y el extremo suelto
quedará atrapado en el tejido.

Estuche para agujas de tejer

Este estuche guardará muy bien todas tus agujas de tejer. Es un cuadrado con torceduras ligeras; se trabaja agregando y quitando puntos en las orillas exteriores. Las rayas automáticamente crean una línea diagonal que cuando la enrollas agrega un toque muy interesante.

Clasificación
★☆☆ (Principiante)

Tamaño terminado
Medidas actuales: 40 cm^2

Materiales
- **Estambre:** Rowan, 60% algodón, 40% acrílico (aprox. una bola 89 m × 50 g)
  A- Gris (1)
  B- Lila (1)
  C- Rojo (1)
- **Gancho:** 4 mm
- Fieltro
  Morado 36 cm × 38 cm
  Rojo 36 cm × 24 cm
  Gris 36 cm × 18 cm

Tensión
Usando el gancho de 4 mm aprox. 15p y 18 vueltas sobre 10 cm de medio punto

Abreviaciones
2mp juntos- 2 medios puntos juntos
3mp juntos- 3 medios puntos juntos
Ver página 125

Secuencia de rayas

Vuelta 1-16: Gris
Vuelta 17-21: Lila
Vuelta 22-29: Rojo
Vuelta 30-33: Gris
Vuelta 34-39: Lila
Vuelta 40-58: Rojo
Vuelta 59-60: Gris
Vuelta 61-64: Lila
Vuelta 65-66: Rojo
Vuelta 67-68: Gris
Vuelta 69-72: Lila
Vuela 73-74: Rojo
Vuelta 75-76: Gris
Vuelta 77-80: Lila
Vuelta 81-82: Rojo
Vuelta 83-84: Gris
Vuelta 85-88: Lila
Vuelta 89-90: Rojo
Vuelta 91-92: Gris
Vuelta 93-96: Lila
Vuelta 97-98: Rojo
Vuelta 99-103: Gris

Usando el gancho de 4mm y el estambre A hacer 3c.
Vuelta 1: Trabaja 3mp en la 1er cadena hecha, voltea. (3p)
Vuelta 2: 1c, 1mp en el 1er mp, 3mp en el siguiente mp, 1mp en el último mp, voltea. (5p)
Vuelta 3: 1c, 1mp en el 1er mp, 2mp en el siguiente mp, 1mp en el siguiente mp, 2mp en el siguiente mp, 1mp en el último mp, voltea. (7p)
Vuelta 4: 1c, 1mp en el 1er mp, 2mp en el siguiente mp, 1mp en los siguientes 3 mp, 2mp en el siguiente mp, 1mp en el último mp, voltea. (9p)
Vuelta 5: 1c, 1mp en el 1er mp, 2mp en el siguiente mp, 1mp en cada puntada hasta las últimas 2p, 2mp en el siguiente mp, 1mp en el último mp, voltea. (11p)
Vuelta 6: 1c, 1mp en cada p hasta el final, voltea. Sigue la secuencia de las rayas, continúa agregando como se establece durante 4 vueltas, y luego trabaja una vuelta recta hasta que haya 81p.
Vuelta 50: 1c, 1mp en el 1er mp, 2mp juntos, 1mp en cada puntada hasta las últimas 3 p, 2mp juntos, 1mp en el último mp, voltea. (79p)
Vuelta 51: 1c, 1mp en el 1er mp, 2mp juntos, 1 mp en cada puntada hasta las últimas 3p, 2mp juntos, 1mp en el último mp, voltea (77p)
Vuelta 52: 1c, 1mp en el 1er mp, 2mp juntos, 1mp en cada p hasta las últimas 3p, 1mp en el último mp, voltea. (75p)

Vuelta 53: 1c, 1mp en el 1er mp, 2mp juntos, 1mp en cada p hasta las últimas 3p, 1mp en el último mp, voltea. (73p)
Vuelta 54: 1c, 1mp en cada p hasta el final, voltea. Continúa agregando como se establece por 4 vueltas, y luego trabaja una vuelta recta hasta que queden 5p.
Siguiente vuelta: 1c, 1mp, 3mp juntos, 1mp, voltea. (3p)
Siguiente vuelta: 1c, 3mp juntos. (1p)
Cortar el estambre y rematarlo.

Correa
Usando en el estambre C y el gancho de 4mm hacer 100p.
Vuelta1: 1c, 1mp en cada c hasta el final.
Cortar el estambre y rematarlo.

Para terminar

Cose los extremos sueltos del estambre.
Bloquea y presiona el cuadrado de rayas diagonales de crochet.
Corta el fieltro de la siguiente forma:
1 × rojo: 35cm × 23cm
1 × morado: 35 × 36cm.
1 × gris: 35 × 17cm

Asegura con alfileres el rectángulo rojo a la parte inferior del morado y cóselo en esta posición alrededor del borde exterior para fijarlo, deja la sección superior abierta, ya que ésta será la bolsa de tus agujas de tejer. Luego divide la bolsa en 5 secciones cosiéndolas de arriba hacia abajo usando punto atrás o puntada de dobladillo. Usa los alfileres como una guía para crear una línea recta. Asegura con alfileres el rectángulo gris al inicio del morado y cóselo en esta posición como solapa. Coloca la sección morada en el tejido con las bolsas y solapa viendo hacia ti y cósela al tejido, usando el punto atrás. Voltea el estuche, el tejido estará viendo hacia ti, dobla la correa a la mitad y cósela en el punto medio del frente del estuche.

Bolsa con botones gigantes

Esta linda bolsa es rápida y sencilla de hacer, se trabaja con medio punto todo el tiempo para darle una sensación densa y compacta al tejido. Es lo suficientemente grande para llevar todas tus cosas esenciales y lo suficientemente durable para soportar cualquier tipo de aventura, ¡compras o lo que sea!

Clasificación

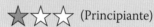 (Principiante)

Tamaño terminado

Medidas actuales: ancho 32 cm; largo 38 cm

Materiales

- **Estambre:** Rowan lana, 100% lana merino (aprox. una bola 140 m × 100 g)
  A-Negro (4)
- Rowan mercerizado de algodón (aprox. una bola 140 m × 50 g)
  B-Rojo (1)
  C- Turquesa (1)
  D- Verde (1)
  E- Amarillo (1)
  F- Rosa (1)
- Un pedazo de velcro
- **Botones:** 1 × grande – 3 cm
- 3 × mediano – 2 cm
- 1 × pequeño – 1 cm
- **Gancho:** 12 mm y 1.75 mm

Tensión

Usando el gancho de 12 mm aprox. 8p y 10.5 vueltas sobre 10 cm de medio punto antes de texturizarla

Abreviaciones

Ver página 125

Paneles frontal y trasero

Usando el gancho de 12mm y el estambre A hacer 28 c.

Vuelta 1: 1c, 1mp en la 2ª c a partir del gancho, 1mp en cada c hasta el final, voltea. (28p)

Vuelta 2: 1c, 1mp en cada mp hasta el final, voltea.

Repite la vuelta 2, 30 veces más.

Corta el estambre y remátalo.

Asa (hacer 2)

Usando el estambre A y el gancho de 12mm hacer 4 c.

Vuelta 1: 1c, 1mp en la 2ª c a partir del gancho, 1mp en cada c hasta el final, voltea. (4p)

Vuelta 2: 1c, 1mp en cada mp hasta el final, voltea.

Repite la vuelta 2, 47 veces más.

Corta el estambre y remátalo.

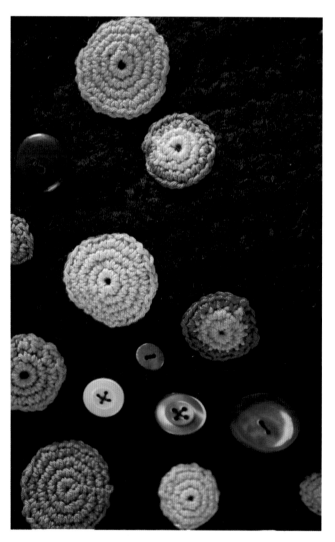

Para terminar

Cose todos los extremos sueltos del estambre.

Cose el panel frontal y el trasero dejando la parte superior abierta.

Cose las asas a la parte superior abierta aprox. 1 vuelta debajo de la orilla superior y 3p a partir de las costuras laterales.

Usando un hilo de algodón cose la apertura de la bolsa (únela) con puntada de dobladillo, esto va a ayudar a que la bolsa mantenga su forma al texturizarla.

Usando el lado duro del velcro, suavemente jala la superficie de la bolsa, esto va a levantar el estambre y va a ayudar con el texturizado.

Ponla en la lavadora y lávala a 40°. Coloca un par de jeans o algo similar en peso para ayudar con el proceso de texturizado, no metas toallas ya que se llenarán de pelusa.

Discos de crochet

Hacer 4 grandes, 4 medianos, 5 pequeños de cada color.

Hacer 3 medianos de diferentes colores: 2 vueltas amarillo/ 1 vuelta rosa, 2 vueltas turquesa/ 1 vuelta rojo, 2 vueltas rojo/1 vuelta amarillo.

Disco grande

Usando el gancho de 1.75mm hacer 4 c, pd en la 1er c para formar un círculo.

Vuelta1: 1c, 8mp en el anillo, pd en 1c al inicio de la vuelta. (8p)

Vuelta 2: 1c, 1mp en cada mp hasta el final, pd en 1c al inicio de la vuelta. (16p)

Vuelta 3: 1c, 1mp en el 1er mp, 2mp en el siguiente mp, * 1mp en el siguiente mp, 2mp en el siguiente mp, repetir desde * hasta el final, pd en 1c al inicio de la vuelta. (24p)

Vuelta 4: 1c, 1mp en la 1er de 2c, 2mp en el siguiente mp, * 1mp en los siguientes 2 mp, 2mp en el siguiente mp, repetir desde * hasta el final, ps en 1c al inicio de la vuelta. (32p)

Cortar el estambre y rematarlo.

Disco mediano

Trabaja como arriba, terminando después de la 3era vuelta.

Disco pequeño

Trabaja como arriba, terminando después de la 2ª vuelta.

Cose los extremos sueltos del estambre.

Usa las fotografías como guías, coloca con alfileres y cose los discos en la parte frontal, luego cose los botones en la bolsa.

Bufanda con picos

Esta bufanda es una excelente pieza. Su gran tamaño te permite usarla de muchas maneras diferentes, los picos de crochet caen como las hojas de los árboles en el otoño. Está trabajada con una mezcla de lana suave, acrílico, viscosa y un gancho extra grande, lo cual la hace ligera y hermosa al tacto. El efecto de los colores en el estambre también realza cada pico con tonalidades diferentes.

Clasificación

 (Intermedio)

Tamaño terminado

Medidas actuales: ancho 25 cm; largo 148 cm

Materiales

- **Estambre:** Patons, 58% lana 40% acrílico 4% viscosa (aprox. una bola 133 m × 100 g) Mezcla de rojo/café (2)
- **Gancho:** 9 mm

Tensión

Usando el gancho de 9 mm aprox. 9p y 2 vueltas sobre 10 cm de macizo triple ligado

Abreviaciones

mu- macizo unido
mdu- macizo doble unido
mtu- macizo triple unido
mcu- macizo cuádruple unido
También ver página 125

El centro de la bufanda está trabajado en una vuelta continua de macizos cuádruples unidos, las puntadas unidas o ligadas se comienzan a trabajar en la cadena de vuelta inicial. Esta bufanda se realiza todo el tiempo con el lado del derecho de frente.

Usando el gancho de 9mm hacer 154c.

Inserta el gancho en la 2ª c a partir del gancho, enreda estambre en el gancho y jala, (inserta el gancho en la siguiente c, enreda estambre en el gancho y jala) 3 veces, (5 anillos en el gancho), (enreda estambre en el gancho y deslízalo del 1ero de 2 anillos en el gancho) 4 veces hasta que sólo quede 1 anillo en el gancho, la primera puntada unida o ligada está terminada.

Trabaja las siguientes puntadas de la siguiente manera:
*Inserta el gancho por abajo del primer anillo o lazada horizontal, esto es alrededor de la 1ª p, enreda estambre en el gancho y deslízalo a través, inserta el gancho debajo de la 2ª lazada horizontal, enreda estambre en el gancho y deslízalo, inserta el gancho en la 3er lazada horizontal, enreda estambre en el gancho y deslízalo, inserta el gancho en la siguiente c, enreda estambre en el gancho y deslízalo a través, (5 lazadas en el gancho), (enreda estambre en el gancho y deslízalo a través del 1er de 2 lazadas del gancho) 4 veces hasta que quede 1 lazada en el gancho, repetir desde * hasta el final de la cadena. Corta el estambre y remátalo.

Haz el primer pico como se indica:

Usando el gancho de 9mm hacer 11 cadenas.

1mp en la 2ª c a partir del gancho, 1mm en la siguiente cadena, 1mm unido en la siguiente p como se indica:
Inserta el gancho debajo de la lazada horizontal en la parte superior de la última puntada, enreda estambre en el gancho y pásalo a través de éste, inserta el gancho en la sig. c, enreda estambre y vuévelo a pasar – 3 lazadas en el gancho, enreda estambre en el gancho y pásalo a través de la 1° de 2 lazadas – 2 lazadas en el gancho, enreda estambre en el gancho y pásalo a través de las 2 lazadas – 1 lazada en el gancho, 1c, 1mdu como se indica:
Inserta el gancho por debajo de la 1er lazada de frente en la parte superior de la última p, enreda estambre en el gancho y pásalo – 2 lazadas en el gancho, inserta el gancho debajo de la lazada horizontal, enreda estambre en el gancho y pásalo – 3 lazadas en el gancho, inserta el gancho en la c, enreda estambre en el gancho y pásalo – 4 lazadas en el gancho (enreda estambre en el gancho y pásalo a través de 2 lazadas) 3 veces – 1 lazada en el gancho, 1c, 1 mtu como se indica:
Inserta el gancho por debajo de la lazada de frente en la parte superior de la última p, enreda estambre en el gancho y pásalo, –2 lazadas en el gancho, inserta el gancho por debajo de la siguiente lazada horizontal, enreda estambre en el gancho

y pásalo 2 veces – 4 lazadas en el gancho, inserta el gancho en la sig. p, enreda estambre en el gancho y pásalo – 5 lazadas en el gancho (enreda estambre en el gancho y pásalo por 2 lazadas) 4 veces – 1 lazada en el gancho mtu en las sig. 2 c, comienza la puntada insertando el gancho en la 1ª lazada horizontal de la última p, 1c, 1mcu como se indica: Inserta el gancho por debajo de la lazada de frente en la parte superior de la última p, enreda estambre en el gancho y pásalo – 2 lazadas en el gancho (inserta el gancho por debajo de la siguiente lazada horizontal, enreda estambre en el gancho y pásalo) 3 veces – 5 lazadas en el gancho, insértalo en la sig. c, enreda estambre en el gancho y pásalo – 6 lazadas en el gancho (enreda estambre en el gancho y pásalo a través de 2 lazadas) 5 veces – 1 lazada en el gancho, 1 mcu en las sig. 2 c, comienza la p insertando el gancho en la 1ª lazada horizontal de la última p.

Después trabaja 1mp en la 1ª c del centro de la bufanda.

*Trabaja 1 pico como arriba, pierde 5 p, 1mp en la sig. c, repetir desde * a lo largo de toda la orilla exterior de la bufanda hasta que alcances el final de las 150c, 1 pico, pierde una puntada unida, 1mp en la parte superior 1p p ** 1 pico, pierde 5p, 1mp en la siguiente p, repetir desde ** hasta el final. Corta el estambre y remátalo.

Para terminar

Cose todos los extremos sueltos del estambre. Junta la base abierta de los picos al centro de la bufanda uniendo las lazadas horizontales de la última puntada ligada a la parte superior de las cadenas en el 1er lado y puntadas en el 2° lado.

Bloquea y presiona.

Guantes de telaraña

Es un verdadero placer usar estos guantes. Con una mezcla de estambre de 2 hebras mohair y seda quedan increíblemente suaves y acogedores. Puedes sustituir el mohair por un estambre estándar de 4 hebras si el otro no es lo tuyo.

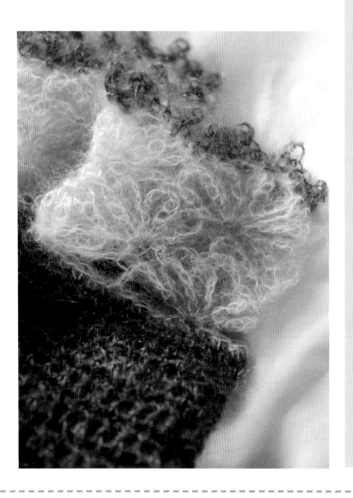

Clasificación

★★☆ (Intermedio)

Tamaño terminado

Medidas actuales: ancho al pulgar 11 cm; largo 25 cm

Materiales

- **Estambre:** Rowan de seda 70% mohair 30% seda (aprox. una bola 210 m × 25 g)
  A- Lila (2)
  B- azul claro (1)
- **Gancho:** 5 mm y 4 mm

Tensión

Usando el gancho de 4 mm aprox. 17p y 20 vueltas sobre 10 cm de medio punto

Abreviaciones

TP- triple puntilla: trabaja 1mp, [7c, 1mp] 3 veces todo en el mismo lugar.
También ver página 125

Guante izquierdo

Usando el gancho de 5mm y el estambre A, hacer 42c.
Cambiar al gancho de 4mm.

Vuelta 1: 1c, 1mp en la 2ª c a partir del gancho y en cada cadena siguiente hasta el final, voltea. (42p)

Vuelta 2: 1c, 1mp en el 1er mp, 1mp en cada mp hasta el final, voltea.

Vuelta 3-4: Como en la vuelta 2.

Vuelta 5: 1c, 1mp en el 1er mp, 2mp juntos sobre las siguientes 2p, 1mp en cada mp hasta las últimas 3p, 2mp juntos, 1mp, voltea. (40p)

Vuelta 6: Como en la vuelta 2.

Vuelta 7: Como en la vuelta 5. (38p)

Vuelta 8-10: Como en la vuelta 2.
Repetir las vueltas 7-10 dos veces más. (34p)

Vuelta 19: Como en la vuelta 5. (32p)

Vuelta 20-24: Como en la vuelta 2.

Vuelta 25: Como en la vuelta 5. (30p)

Vuelta 26: Como en la vuelta 2.

**Comienza a darle forma al pulgar

Vuelta 31: 1c, 1mp en las siguientes 15p, 2mp en la sig. p, 2mp en la sig. p, 1mp en cada p hasta el final, voltea. (32p)

Vuelta 32: 1c, 1mp en la 1ª p, 1mp en cada p hasta el final, voltea.

Vuelta 33: 1c, 1mp en las sig. 15p, 2mp en la sig. p, 1mp en las sig. 3p, 2mp en la sig. p, 1mp en cada p hasta el final, voltea. (34p)

Vuelta 34: Como en la vuelta 32.

Vuelta 35: 1c, 1mp en las sig. 15 p, 2mp en la sig. p, 1mp en las sig. 5p, 2mp en la sig. p, 1mp en cada puntada hasta el final, voltea. (36p)

Vuelta 36: Como en la vuelta 32.

Vuelta 37: 1c, 1mp en las sig. 15p, 2mp en la sig. p, 1mp en las sig. 7p, 2mp en la sig. p, 1mp en cada p hasta el final, voltea. (38p)

Vuelta 38: Como en la vuelta 32.

Vuelta 39: 1c, 1mp en las sig. 15 p, 2mp en la sig. p, 1mp en las sig. 9 p, 2mp en la sig. p, 1mp en cada p hasta el final, voltea. (40p)

Vuelta 40: Como en la vuelta 32.

Vuelta 41: 1c, 1mp en las sig. 28 p, voltea.

Vuelta 42: 1c, 1mp en la 1ª p, 1mp en las sig. 12 p, voltea. (13 p)
Trabaja 8 vueltas de medio punto en estas 13p sólo o hasta que lo requiera la longitud.
Corta el estambre y remátalo.
Cose la costura lateral del pulgar; con el lado derecho de frente une estambre del lado izquierdo del pulgar y trabaja 1mp en cada p hasta el final, voltea.

Siguiente vuelta: 1c, 1mp en las sig. 15 p, trabaja 2mp uniformemente a través de la base del pulgar, 1mp en cada p hasta el final. (29p)

Cadena de la margarita del encaje superior

Corta el estambre A y une el estambre B

Vuelta 1: 1c, 1mp en cada p hasta el final, voltea.

Vuelta 2: 8c, TP en la 4ª c (12ª p a partir del gancho), * 4c, pierde 4mp, 1m en el sig. mp, ** 4c, pierde 4mp, TP en el sig. mp, repetir desde * terminar la última repetición en ** en el último mp, voltea.

Vuelta 3: 1c, 1mp en la 1ª p, * 1c, 1mp en las 1as 7c arco de la sig. TP, [3 c, 1mp en las sig. 7c arco de la misma TP] dos veces, 1c, pierde 4 c, 1mp en el sig. m, repetir desde * al final trabajar el último mp en un arco de la cadena de vuelta, voltea.

Vuelta 4: 8c, trabaja [1mp, 7c, 1mp] en el 1er mp, * 4 c, pierde [1c, 1mp y c], 1m en el sig. mp. 4c, pierde [3c, 1mp y 1c] **, TP en el sig, mp, repetir desde * terminar la última repetición en **, trabaja [1mp, 7c, 1mp, 3c y m doble] en el último mp, pierde la cadena de vuelta, voltea.

Vuelta 5: 1c, 1mp en la 1er p, 3c, 1mp en las sig. 7c arco, * 1c, pierde 4c, 1mp en el sig. m, 1c, 1mp en la 1er c de 7 arco de la sig. TP **, [3c, 1mp en el sig. arco del la misma TP] dos veces; repetir desde * terminar última repetición en **, 3c, 1mp en el arco de la cadena de vuelta, voltea.

Vuelta 6: 7c, pierde [3c, 1mp y 1c], *TP en el sig. mp, 4c, pierde [1c, 1mp y 3c], 1m en el sig. mp **, 4c, pierde [3c, imp y 1c]; repetir desde * terminar la última repetición en **, voltea.

Vuelta 7: Como en la vuelta 3. Corta el estambre y remátalo.

Orilla de puntilla

Los guantes están terminados con una orilla de puntilla contrastante a lo largo de la parte superior e inferior del guante. La orilla de puntilla se trabaja exactamente igual de los dos lados. Usa el estambre A para la orilla superior y el estambre B para la inferior.

Orilla superior de puntilla

Con el lado derecho de frente, inserta el gancho en el mp del inicio de la vuelta, haz un nudo deslizado con el estambre contrastante y colócalo en el gancho, pásalo, enreda estambre y pásalo a través de la lazada.

Vuelta 1: 1c, * 1mp en las sig, 3 p, haz la puntilla como se indica: 3c, 1pd en el último mp trabajado, repetir desde * hasta la última p, 1mp en la última p. Corta el estambre y remátalo.

Vuelta 32: 1c, 1mp en la 1er p, 1mp en cada p hasta el final, voltea.

Vuelta 33: 1c, 1mp en las sig. 12 p, 2mp en la sig. pi, 1mp en las sig. 3p, 2mp en la sig. p, 1mp en cada mp hasta el final, voltea. (34p)

Vuelta 34: Como en la vuelta 32.

Vuelta 35: 1c, 1mp en las sig. 12 p, 2mp en la sig. p, 1mp en las sig. 5p, 2mp en la sig. p, 1mp en cada puntada hasta el final, voltea. (36p)

Vuelta 36: Como en la vuelta 32.

Vuelta 37: 1c, 1mp en las sig. 12 p, 2mp en la sig. p, 1mp en las sig. 7p, 2mp en la sig. p, 1mp en cada puntada hasta el final, voltea. (38p)

Vuelta 38: Como en la vuelta 32.

Vuelta 39: 1c, 1mp en las sig. 12 p, 2mp en la sig. p, 1mp en las sig. 9p, 2mp en la sig. p, 1mp en cada puntada hasta el final, voltea. (40p)

Vuelta 40: Como en la vuelta 32.

Vuelta 41: 1c, 1mp en las sig. 25p, voltea.

Vuelta 42: 1c, 1mp en la 1er p, 1mp en las sig. 12 p, voltea. (13p)

Trabaja 8 vueltas de medio punto sólo en estas 13 puntadas o hasta que lo requiera la longitud.

Corta el estambre y remátalo.

Cose la orilla lateral del pulgar; con el lado derecho de frente une estambre del lado izquierdo del pulgar y trabaja 1mp en cada p hasta el final, voltea.

Siguiente vuelta: 1c, 1mp en las sig. 12 p, trabaja 2mp uniformemente a través de la base del pulgar, 1mp en cada p hasta el final. (29p)

Cadena de la margarita del encaje superior

Trabájala como se explicó en el guante izquierdo.

Orilla superior e inferior de puntilla

Trabájala como se explicó en el guante izquierdo.

Para terminar

Cose todos los extremos sueltos del estambre y suavemente bloquea y presiona.

Cose las costuras laterales usando la técnica de costura plana que se describe en la página 26.

Orilla inferior de puntilla

Con el lado derecho de frente, inserta el estambre en la 1ª p de c al inicio de la 1ª vuelta, haz un nudo deslizado con el estambre contrastante y colócalo en el gancho, pásalo, enreda estambre en el gancho y deslízalo a través de la lazada.

Vuelta 1: 1c, 1 mp en las sig. 3 c, 1 puntilla, repetir desde * hasta el final.

Corta el estambre y remátalo.

Guante derecho

Trabaja como se dijo en el guante izquierdo hasta ** la forma del pulgar.

Comienza a darle forma al pulgar.

Vuelta 31: 1c, qmp en las sig. 12 p, 2mp en la sig. p, 1mp en la sig. p, 1 mpe en la sig. p, 1mp en cada p hasta el final, voltea. (32p)

Top halter

Este top halter es perfecto para el día o la noche. Está hecho con una mezcla de estambre de lino que le da al tejido una caída perfecta, texturiza las rayas y realza los colores. El uso inteligente de esta puntada y el patrón hacen de éste un diseño divertido y el detalle de la espalda le da el toque perfecto.

Clasificación

 (Intermedio)

Tamaño terminado

Observar la tabla de la página 125

Materiales

- **Estambre:** Roean, 75% lenpur 25% lino (aprox. una bola 115 m × 50 g)
  A- Gris (4,5, 5 6, 6)
  B- Turquesa (1)
  C- Verde (1)
  D- Naranja (1)
  E- Rosa (1)
- Botones 8 (9,10, 11, 11) × 1 cm
- **Ganchos:** 4 mm y 3 mm

Tensión

Usando el gancho de 4 mm 2 repeticiones del patrón de diamante medidas aprox. 11.5 cm

Abreviaciones

Ver página 125

Panel de diamantes

Usando el gancho de 4mm y el estambre A trabaja 41c.

Vuelta 1: 1c, 1mp en la 2ª c a partir del gancho, 1mp en cada c hasta el final, voltea. (41p)

Vuelta 2: 1c, 1mp en el 1er mp, 1mp en cada mp hasta el final, voltea.

Vuelta 3: 1c, 1mp en el 1er mp, 1mp en los sig. 2 mp, * 5c, pierde 3mp **. 1mp en los sig 5mp, repetir desde * terminando la última repetición en **, 1mp en los últimos 3mp, voltea.

Vuelta 4: 1c, 1mp en el 1er de 2 mp, * 3c, pierde 1mp, 1mp en el arco de las sig. 5 c, 3c, pierde 1mp **, 1mp en cada uno de los 3 sig. mp, repetir desde * terminando la última repetición en **, 1mp en los últimos 2mp, voltea.

Vuelta 5: 1c, 1mp en el 1er mp, * 3c, pierde 1mp, 1 mp en las sig. 3 espacios de la cadena, 1mp en el sig. mp, 1mp en los sig. 3 espacios de la cadena, 3c, pierde 1mp, 1mp en el sig. mp, repetir desde * hasta el final, voltea.

Vuelta 6: 5c (cuenta como 1m y 2c), * 1mp en los siguientes 3 espacios de la cadena, 1mp en cad uno de los sig. 3 mp, 1mp en los sig. 3 espacios de la cadena, **, 5c, repetir desde * terminando la última repetición en **, 2c, 1m en el último mp, voltea.

Vuelta 7: 1c, 1mp en la 1er p, * 3c, pierde 1mp, 1mp en cada uno de los sig. 3 mp, 3c, pierde 1mp, 1mp en el arco de las sig. 5 c, repetir desde * trabajando la última mp en cadena de vuelta.

Vuelta 8: 1c, 1mp en el 1er mp, * 1mp en los 3 espacios de la cadena, 3c, pierde 1mp, 1mp en el sig. mp, 3c, pierde qmp, 1mp en los siguientes 3 espacios de la cadena, 1mp en el sig. mp, repetir desde * hasta el final, voltea.

Vuelta 9: 1c, 1mp en el 1er de 2mp, * 1 mp en los sig. 3 espacios de la cadena, 5c, 1mp en los sig. 3 espacios de la cadena **, 1mp en cada uno de los sig. 3mp, repetir desde * terminando la última repetición en **, 1mp en los último 2mp, voltea.

Vuelta 10: 1c, 1mp en el 1er de 3mp, * 3mp en 5 espacios de c, 1mp en cada uno de los sig. 5 mp, repetir desde * terminando la última repetición 1mp en cada uno de los últimos 3mp, voltea.

Vuelta 11: 1c, 1mp en la 1er p, 1mp en cada mp hasta el final, voltea.

Vuelta 12: Como en la vuelta 11.

Repite las vueltas 4-12, 11 (12, 13, 14, 15) más veces.

Corta el estambre y remátalo.

Corpiño

Trabaja el corpiño a lo largo de la orilla exterior de la última vuelta del panel de diamantes.

Con el lado derecho viendo hacia ti, usando el gancho de 4mm une el estambre A al último mp del panel de diamantes.

Vuelta 1: 1c, trabaja 132 (142, 154, 164, 176) mp, a lo largo de la orilla exterior del panel de diamantes (aprox. 11mp en cada patrón repetido).

Vuelta 2: 1c, 1mp en cada mp hasta el final, voltea.

Vuelta 3: Como en la vuelta 2.

No cortes el estambre A, une el estambre B.

Vuelta 4: 1c, 1mp en cada mp hasta el final, voltea.

Vuelta 5: 1c, 1mp en la lazada frontal de cada mp hasta el final, voltea.

Corta el estambre B y vuelve a unir el A.

Vuelta 6-8: 1c, 1mp en cada mp hasta el final, voltea.

No cortes el estambre A, une el estambre C.

Vuelta 9: 1c, 1mp en cada mp hasta el final, voltea.

Vuelta 10: 1c, 1mp en la parte trasera de la lazada de cada mp hasta el final, voltea.

Corta el estambre B y vuelve a unir el estambre A.

Vuelta 11-13: 1c, 1mp en cada mp hasta el final, voltea.

No cortes el estambre A y une el estambre D.

Vuelta 14: 1c, 1mp en cada mp hasta el final, voltea.

Vuelta 15: 1c, 1mp en la parte trasera de la lazada de cada mp hasta el final, voltea.

Corta el estambre D y vuelve a unir el estambre A.

Vuelta 16-18: 1c, 1mp en cada mp hasta el final, voltea.

No cortes el estambre A, une el estambre E.

Vuelta 19: 1c, 1mp en cada mp hasta el final, voltea.

Vuelta 20: 1c, 1mp en la parte frontal de la lazada de cada mp hasta el final, voltea.

Corta el estambre E y vuelve a unir el estambre A.

Vuelta 21: 1c, 1mp en cada mp hasta el final, voltea.

Repite 5 veces las últimas vueltas (5,7,7,9)

Coloca el anillo central

Siguiente vuelta: 1c, 1mp en lo sig. 64 (69,75, 80, 86) mp, 4c, pierde 4c, 1mp en cada mp hasta el final, voltea.

Siguiente vuelta: 1c, 1mp en el 1er mp, 1mp en los sig. 63 (68, 74,79, 85) mp, 4 mp en 4 espacios de c, 1 mp en cada mp hasta el final, voltea.

Siguiente vuelta: 1c, 1mp en el 1er mp, 1mp en cada mp hasta el final, no voltees.

Trabaja mp con el cordón a la inversa, recorta la orilla como se indica: Con el lado derecho de frente y usando el gancho de 3mm, comienza con el gancho viendo hacia atrás; inserta el gancho de adelante hacia atrás en la 1era p del lado derecho, * enreda estambre en el gancho hacia atrás, pásalo en tu dirección, poniendo el gancho para que quede viendo hacia arriba, enreda estambre en el gancho y pásalo a través de las 2 lazadas en el gancho para completar la puntada, inserta el gancho en la sig. puntada a la derecha, repite desde * hasta el final. Corta el estambre y remátalo.

Adorno de los botones

Con el lado derecho viendo hacia ti, usando el gancho de 4mm y el estambre A, inserta el gancho en la parte superior del mp del corpiño y trabaja 30mp (30, 35, 35, 40) ligeramente por abajo del lado de la orilla del mp del corpiño, voltea.

Vuelta 2: 1c, 1mp en cada mp hasta el final, voltea.

Vuelta 3: 1c, 1mp en el 1er de 2 mp, 3c, * 1mp en los sig. 5 mp (5,6,6,7), 3c, repetir desde * hasta los últimos 3mp, 1mp en cada mp hasta el final.

Correa

Usando el gancho de 3mm y el estambre A hacer 155c.

Vuelta 1: 5c, 1mp en la 5ª c a partir del gancho, 1mp en cada c hasta el final.

Corta el estambre y remátalo.

Para terminar

Cose todos los extremos sueltos del estambre. Bloquea y presiona suavemente.

Cose los botones en la parte trasera, empatándolos con los ojales.

Cose 2 botones a la correa en la parte final opuesta del anillo delantero.

Coloca la correa a través del anillo frontal, dóblala a la mitad y cósela para asegurarla.

Boina estrafalaria

Este diseño fue inspirado en todos los maravillosos sombreros de las revistas de moda del pasado otoño-invierno. El efecto de las costillas simuladas le da una voluminosa apariencia que la hace lucir como un tejido de agujas muy atractivo.

Clasificación

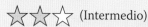 (Intermedio)

Tamaño terminado

Para que le quede a la cabeza de mujeres adultas.

Materiales

- **Estambre:** Rowan, 80% lana merino 20% mohair (aprox. una bola 115 m × 100 g) Azul claro (2)
- **Gancho:** 6.5 mm

Tensión

Usando el gancho de 6.5 mm aprox. 12p y 11 vueltas sobre 10 cm del patrón texturizado.

Abreviaciones

2m juntos- 2 macizos juntos, 2 m juntos se trabajan en el patrón poste trasero y poste frontal
mf- macizo frente
mt- macizo trasero
También ver página 125

Usando el gancho de 6.5mm hacer 5c, pd en la 1er c para formar un círculo.

Vuelta 1: 2c, 12m en el círculo, pd en la parte superior de 2c al inicio de la vuelta. (12p)

Vuelta 2: 2c, (1mf, 1mt) en el 1er m, *(1mf, 1mt), en el siguiente m, repetir desde * 10 veces más, pd en la parte superior de 2c al inicio de la vuelta. (24p)

Vuelta 3: 2c, 1mf, (1mf, 1mt) en el sig. m, * 1mf, (1mf, 1mt) en el sig. m, repetir desde * 10 veces más, pd en la parte superior de 2c al inicio de la vuelta. (36p)

Vuelta 4: 2c, 1mf en el 1er de 2m, (1mf, 1mt) en el sig. m, * 1md en los sig. 2m, (1mf, 1mt) en el sig. m, repetir desde * 10 veces más, pd en la parte superior de 2c al inicio de la vuelta. (48p)

Vuelta 5: 2c, 1mf en el 1er de 3m, (1mf, 1mt) en el sig. m, * 1md en los sig. 2m, (1mf, 1mt) en el sig. m, repetir desde * 10 veces más, pd en la parte superior de 2c al inicio de la vuelta. (60p)

Vuelta 6: 2c, 1mf en el 1er de 4m, (1mf, 1mt) en el sig. m, * 1mf en los sig. 4m, (1mf, 1mt) en el sig. m, repetir desde * 10 veces más, pd en la parte superior de 2c al inicio de la vuelta. (72p)

Vuelta 7: 2c, 1mf en el 1er de 5m, (1mf, 1mt) en el sig. m, * 1mf en los sig. 5m, (1mf, 1mt) en el sig. m, repetir desde * 10 veces más, pd en la parte superior de 2c al inicio de la vuelta. (84p)

Vuelta 8: 2c, 1mf en el 1er de 6m, (1mf, 1mt) en el sig. m, * 1mf en los sig. 6m, (1mf, 1mt) en el sig. m, repetir desde * 10 veces más, pd en la parte superior de 2c al inicio de la vuelta. (48p)

Vuelta 9: 2c, 1mf en el 1er de 7m, (1mf, 1mt) en el sig. m, * 1md en los sig. 7m, (1mf, 1mt) en el sig. m, repetir desde * 10 veces más, pd en la parte superior de 2c al inicio de la vuelta. (108p)

Vuelta 10: 2c, 1mf en el 1er de 8m, 1mt en el sig. m, * 1mf en los sig. 8 m, 1mt en el sig. m, repetir desde * hasta el final, pd en la parte superior de 2c al inicio de la vuelta.

Vuelta 11: Como en la vuelta 10.

Vuelta 12: 2c, * 1mf en las sig. 7p, 2m juntos como se indica, enreda estambre en el gancho, inserta el gancho alrededor de la parte de enfrente de la sig. p, enreda estambre en el gancho, y pásalo, enreda estambre en el gancho y deslízalo por abajo de las 2 primeras lazadas, enreda estambre en el gancho, inserta el gancho alrededor de la parte trasera de la sig. puntada, enreda estambre en el gancho y pásalo, enreda estambre en el gancho y pásalo por abajo de las 2 1eras lazadas, enreda estambre en el gancho y deslízalo por debajo de todas las lazadas del gancho, repetir desde * 11 veces más, pd en la 2ª c al inicio de la vuelta. (96p)

Vuelta 13: 2c, * 1mf en los sig. 6m, 2m juntos como arriba sobre los 2m sig., repetir desde * 11 veces más, pd en 2c al inicio de la vuelta. (84p)

Vuelta 14: 2c, * 1mf en los sig. 5 m, 2m juntos como arriba sobre los sig. 2m, repetir desde * 11 veces más, pd en 2c al inicio de la vuelta. (72p)

Vuelta 15: 2c, * 1mf en los sig. 4 m, 2m juntos como arriba sobre los sig. 2m, repetir desde * 11 veces más, pd en 2c al inicio de la vuelta. (60p)

Vuelta 16: 2c, * 1mf en los sig. 3 m, 2m juntos como arriba sobre los sig. 2m, repetir desde * 11 veces más, pd en 2c al inicio de la vuelta. (48p)

Vuelta 17: 2c, * 1mf en los sig. 2 m, 2m juntos como arriba sobre los sig. 2m, repetir desde * 11 veces más, pd en 2c al inicio de la vuelta. (36p)

Vuelta 19: 2c, * 1mf en los sig.2m, 1mt en el sig. m, repetir desde * 11 veces más, pd en 2c al inicio de la vuelta.

Repetir la última vuelta si quieres hacer más pronunciada la banda.

Corta y cose todos los extremos sueltos del estambre.

Bufanda gruesa con capucha

¿Es una bufanda? ¿Es una capucha? No, ¡es ambas! Este diseño 2 en 1 mantendrá tu cabeza y cuello arropados del frío invernal. Está hecha con estambre de lana merino y mohair súper suaves al tacto. La puntada chevron te mantendrá entretenida mientras trabajas los paneles y el terminado de la orilla le dará un toque perfecto.

Clasificación

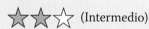 (Intermedio)

Tamaño terminado

Medidas actuales: ancho 27 cm; largo 133 cm hasta la capucha

Materiales

- **Estambre:** Rowan, 80% lana merino 20% mezcla de mohair (aprox. una bola 115 m × 100 g)
  Crema (5)
- **Ganchos:** 4 mm y 6 mm

Tensión

Usando el gancho de 6 mm aprox. 12p y 6 vueltas sobre 10 cm de macizo

Abreviaciones

3m juntos al f- 3macizos juntos de frente
5m juntos al f- 5 macizos juntos de frente
También ver página 125

Panel izquierdo de la bufanda

Usando el gancho de 6mm hacer 37c.

Vuelta 1: 1c, 1mf en la 2ª c a partir del gancho, 1mf en cada c hasta el final. (37p)

Vuelta 2: 2c, 1m en la 1ª p, 3m en las sig. p, 1m en las sig. 14p, 5m juntos sobre las sig. 5p, 1m en las sig. 14p, 3m en la sig. p, 1m en la última p, voltea.

Vuelta 3-6: Como en la vuelta 2.

Vuelta 7: 2c, 1m en la 1ª p, 2mf en la sig. p, 1mf en las sig. 14 p; 5m juntos al f sobre las sig. 5p, 1mf en las sig 14p, 2mf en la sig. p, 1m en la última p, voltea. (35p)

Vuelta 8: 2c, 1m en la 1ª p, 3m en la sig. p, 1m en las sig. 13p, 5m juntos sobre las sig. 5p, 1m en las sig. 13p, 3m en la sig. p, 1m en la última p, voltea.

Vuelta 9-10: Como la última vuelta.

Vuelta 11: 2c, 1m en la 1ª p, 1mf en las sig. 14 p, 5m juntos al f sobre las sig. 5p, 1mf en las sig. 14p, 1m en la última p, voltea. (31p)

Vuelta 12: 2c, 1m en la 1ª p, 3m en la sig. p, 1m en las sig. 11p, 5m juntos sobre las sig. 5p, 1m en las sig. 11p, 3m en la sig. p, 1m en la última p, voltea.

Vuelta 13-14: Como en la vuelta 12.

Vuelta 15: 2c, 1m en la 1ª p, 3mf en la sig. p, 1md en las sig. 11 p, 5m juntos al f sobre las sig. 5p, 1mf en las sig 11p, 3mf en la sig. p, 1m en la última p, voltea.

Vuelta 16: 2c, 1m en la 1ª p, 3m en la sig. p, 1m en las sig. 11p, 5m juntos sobre las sig. 5p, 1m en las sig. 11p, 3m en la sig. p, 1m en la última p, voltea.

Vuelta 17-18: Como en la vuelta 16.

Vuelta 19: 2c, 1m en la 1ª p, 1mf en las sig. 12 p, 5m juntos al f sobre las sig. 5p, 1mf en las sig. 12p, 1m en la última p, voltea. (27p)

Vuelta 20: 2c, 1m en la 1ª p, 3m en la sig. p, 1m en las sig. 9p, 5m juntos sobre las sig. 5p, 1m en las sig. 9p, 3m en la sig. p, 1m en la última p, voltea.

Vuelta 21-22: Como en la vuelta 20

Vuelta 23: 2c, 1m en la 1ª p, 3mf en la sig. p, 1md en las sig. 9p, 5m juntos al f sobre las sig. 5p, 1md en las sig. 9p, 3m en la sig. p, 1mf en la última p, voltea.

Vuelta 24-26: Como en la vuelta 20

Vuelta 27: Como en la vuelta 23.

Repetir vueltas 24-27, 5 veces más.

Vuelta 48: Como en la vuelta 23.

** Para la forma de la capucha agrega en la 1ª mitad de chevron y mantén el patrón derecho en la 2ª mitad como se indica:

Vuelta 49 (agregando): 2c, 1m en la 1er p, 3m en la sig. p, 1m en las sig. 11 p, 3m juntos sobre las sig. 3 p, 1m en las sig. 9p, 3m en la sig. p, 1m en la última p. (29p)

Vuelta 50: 2c, 1m en la 1er p, 3m en la sig. p, 1m en las sig. 9p, 3m juntos sobre las sig. 3p, 1m en cada p hasta el final, voltea.

Vuelta 51 (agregando): 2c, 1m en la 1er p, 3mf en la sig. p, 1mf en las sig. 13 p, 3m juntos sobre las sig. 3 p, 1mf en las sig. 9 p, 1mf en la sig. p, 1m en la última p, voltea. (31p)

Vuelta 52: 2c, 1m en la 1er p, 3m en la sig. p, 1m en las sig. 9 p, 3m juntos sobre las sig. 3 p, 1m en cada p hasta el final, voltea.

Vuelta 53: 2c, 1m en cada p hasta el final, voltea.

Vuelta 54: Como en la vuelta 53.

Vuelta 55: 2c, 1m en la 1er p, 1mf en cada p hasta el final, voltea.

Vuelta 56: Como en la vuelta 53.

Repite las últimas 4 vueltas 3 veces más, luego las vueltas 53-53 una vez más.

Corta el estambre y remátalo.

Panel derecho de la bufanda

Trabájalo como en el panel izquierdo hasta **

Para la forma de la capucha mantén el patrón derecho la 1ª mitad y agrega en la 2ª mitad de chevron como se indica:

Vuelta 49 (agregando): 2c, 1m en la 1er p, 3m en la sig. p, 1m en las sig. 9 p, 3m juntos, sobre las sig. 3 p, 1m en las sig. 11p, 3m en la sig. p, 1m en la última p, (29p)

Vuelta 50: 2c, 1m en la 1er p, 3m en la sig. p, 1m en las sig. 11p, 3m juntos sobre las sig. 3p, 1m en cada p hasta el final, voltea.

Vuelta 51 (agregando): 2c, 1m en la 1er p, 3m por el f, en la sig. p, 1mf en las sig. 9 p, 3m juntos sobre las sig. 3p, 1mf en las sig. 13p, 1mf en la última p, voltea, (31p)

Vuelta 52: 2c, 1m en la 1er p, 3m en la sig. p, 1m en las sig. 15p, 3m juntos sobre las sig. 3p, 1m en cada p hasta el final, voltea.

Vuelta 53: 2c, 1m en cada p hasta el final, voltea.

Vuelta 54: Como en la vuelta 53.

Vuelta 55: 2c, 1m en 1, 1mf en cada p hasta el final, voltea.

Vuelta 56: Como en la vuelta 53.

Repite las últimas 4 vueltas 3 veces más, luego las vueltas 53-54 una vez más.

Corta el estambre y remátalo.

Para terminar

Cose todos los extremos sueltos del estambre, bloquea y presiona la bufanda y los paneles de la capucha.

Usando el punto atrás, cose la parte superior de los paneles de la capucha, luego cose la costura trasera de la capucha

para darle la forma de la cabeza. Trabaja el adorno de la orilla de la bufanda con mp y el hilo a la inversa.

Con el lado derecho de frente y usando el gancho de 4mm vuelve a unir el estambre al centro de la costura en la parte posterior de la capucha.

Comienza con la capucha viendo hacia abajo, inserta el gancho de adelante para atrás alrededor del poste de la 1ª p, del lado de tu mano derecha, * enreda estambre en el gancho, pasa el estambre hacia atrás en tu dirección, volteando el gancho para que quede viendo hacia arriba, enreda estambre en el gancho, y pásalo a través de las 2 lazadas del gancho para completar la puntada, inserta el gancho en el sig. espacio junto al anillo, repetir desde * hasta el final de la orilla externa de la bufanda y gancho, pd en la última p.

Corta el estambre y remátalo. Cose todos los extremos sueltos del estambre.

Top con mangas de mariposa para niña

Éste es un diseño muy lindo que cualquier niña amaría. Tiene unas preciosas mangas de mariposa, pero el color en el que se presenta no es tan infantil. El cuerpo está trabajado en medio punto, haciendo sencilla y fácil de entender la forma de la sisa. El estambre es de algodón de medio peso mercerizado y lo hay en 4 hebras, lo que le da un ligero brillo al gris que lo complementa muy bien.

Clasificación

 (Intermedio)

Tamaño terminado

Ver tabla de la página 126

Materiales

- **Estambre:** Rowan algodón mercerizado, 100% algodón (aprox. una bola 115 m × 50 g)
  A- Gris (4, 5, 6)
  B- Morado (2, 2, 3)
  C- Azul claro (1)
- **Gancho:** 4 mm

Tensión

Usando el gancho de 4 mm aprox. 20p y 25 vueltas sobre 10 cm de medio punto

Abreviaciones

2mp juntos- 2 medios puntos juntos
3mp juntos- 3 medios puntos juntos
También ver página 125

Parte trasera

Usando el gancho de 4mm y el estambre B hacer 71c (71, 81)

Vuelta 1 (Derecho): 1c, 1mp en la 2ª c a partir del gancho, 1mp en cada c hasta el final, voltea (61 (71,81) p)

Vuelta 2: 1c, 1mp en cada mp hasta el final, voltea. Corta el estambre B y une el estambre A.

Vuelta 3: 1c, 1mp en cada mp hasta el final, voltea. Repite la vuelta 3 hasta llegar a 24 (26,28) cm, terminando con el lado derecho de frente para la siguiente vuelta.

Forma de las sisas

Vuelta 1: Pd a lo largo de las 1as 4 p, 1c, 1mp en el sig. mp, 1mp en cada mp hasta los últimos 4 mp, voltea. (53(63,73) p)

Vuelta 2: 1c, 1mp en la 2ª c a partir del gancho, 1mp en cada mp hasta el final, voltea.

Vuelta 3: 1c, 1mp en el 1er mp, 2mp juntos, 1mp en cada p hasta las últimas 3p, 2mp juntos, 1mp en el último mp, voltea. (51(61, 71) p)

Vuelta 4: Como en la vuelta 3. (49(59, 69) p)

Vuelta 5: 1c, 1mp en el 1er mp, 1mp en cada p hasta el final, voltea.

Vuelta 6: Como en la vuelta 3. (47(57, 67) p)

Vuelta 7-8: Como en la vuelta 5.

Vuelta 9: Como en la vuelta 3. (45(55, 65) p)

Vuelta 10: 1c, 1mp en el 1er mp, 1mp en cada p hasta el final, voltea. **

Repite la vuelta 10 hasta que las medidas de las sisas sean 15 (16, 17) cm, terminando con el lado derecho de frente para la sig. vuelta.

Forma de los hombros

Siguiente vuelta: 1c, 1mp en 1p, 1mp en las sig. 11 (13, 15) p, voltea. (12(14, 16) p)

Siguiente vuelta: 1c, pd en las 1eras 4p, 1c, 1mp en cada p hasta el final, voltea. (8(10,12) p)

Corta el estambre y remátalo.

Con el lado derecho de frente, pierde la puntada centra 21 (27, 33) para la parte trasera del cuello, vuelve a unir el estambre A en la sig. p, 1c, 1mp en la misma p, 1mp en cada mp hasta el final, voltea. (12(14,16) p)

Siguiente vuelta: 1c, 1mp en las sig. 8 (10,12) p.

Corta el estambre y remátalo

Parte delantera

Trabaja como se explicó para la parte trasera hasta **

Forma del cuello: trabaja cada lado por separado.

Vuelta 11: 1c, 1mp en la 1er p, 1mp en las sig. 11 (14, 17) p, voltea. (12 (15, 18) p)

Vuelta 12-14: 1c, 1mp en la 1er p, 1mp en cada p, hasta el final, voltea.

Vuelta 15: 1c, 1mp en la 1er p, 1mp en cada p hasta las últimas 3p, 2mp juntos, 1mp en la última p, voltea. (11 (14, 17) p)

Primer tamaño

Repetir las vueltas 12-15 más veces. (8p)

Segundo tamaño

Repetir vueltas 12-15 más veces. (10p)

Tercer tamaño

Repetir las vueltas 12-15 más veces. (12p)

Todos los tamaños

Seguir trabajando en orden hasta que la parte frontal de la sisa empate por atrás con el hombro.

Corta el estambre y remátalo.

Con el lado derecho de frente pierde la puntada central 21 (25, 29) para la parte delantera del cuello, vuelve a unir el estambre A en la sig. p, 1c, 1mp en la misma p, 1mp en cada p hasta el final, voltea. (12 (15, 18) p)

Trabaja hasta empatar el primer lado del cuello, formas revertidas.

Corta el estambre y remátalo.

Para terminar

Cose todos los extremos sueltos del estambre. Luego bloquea y presiona los paneles delantero y trasero.
Cose y une las costuras de los hombros.

Adorno del cuello

Usando el gancho de 3mm y con el lado derecho de frente, vuelve a unir el estambre C a la parte superior de la esquina del lado izquierdo del cuello.

Vuelta 1: 1c, 1mp en cada mp hacia abajo al lado izquierdo de la parte delantera del cuello, coloca un marcador, trabaja 1 mp a lo largo de toda la parte delantera del cuello, coloca un marcador, 1mp hacia arriba al lado derecho de la parte delantera del cuello, 1mp a lo largo de toda la parte trasera del cuello, pd en 1c al inicio de la vuelta.

Vuelta 2: 1c, 1mp en cada mp hasta la 1er p antes del marcador, 3mp juntos sobre las sig. 3 p, 1mp en cada p hasta 1p antes del marcador, 3mp juntos sobre las sig. 3p, 1mp en cada p hasta el final, pd en 1c al inicio de la vuelta.
Corta el estambre C y une el estambre B.

Orilla de puntilla

Siguiente vuelta: 1c, 1pd en la 1ª de 2p, 3c, 1pd en el sig. mp, ** 1pd en las sig. 2p, 3c, 1pd en el sig. mp, repetir desde * hasta el final, pd en 1 c al inicio de la vuelta.
Corta el estambre y remátalo.

Olán izquierdo

Usando el gancho de 4mm y con el lado derecho de frente une el estambre B al panel delantero.

Vuelta 1: 1c, trabaja en mp alrededor de toda la sisa, voltea.
Vuelta 2: 2c, 2m en cada mp hasta el final, voltea.
Vuelta 3: 3c, 2md en cada m hasta el final, voltea.
Vuelta 4: 3c, 1md en cada md hasta el final.
Corta el estambre B y une el estambre C.

Trabaja el adorno de puntilla

Siguiente vuelta: 1c, 1pd en la 1er de 2p, 3c, 1pd en la sig. p, *1pd en las sig. 2p, 3c, 1pd en la sig. p, repetir desde * hasta el final.
Corta el estambre y remátalo.

Olán derecho

Trabaja como se explicó para el olán izquierdo, comienza el adorno al frente de la sisa.
Cose los dos lados.
El adorno de puntilla de la parte de abajo se trabaja como el de las sisas.
Cose todos los extremos sueltos del estambre.

Gorro alpino

Mantén tus orejas calientitas y bonitas con este lindo gorro con orejeras. El gorro se realiza en círculos con rayas de color verde de diferentes tonos de arriba hacia abajo. Cada puntada se trabaja por la lazada trasera de la puntada para agregar una textura extra y mayor atractivo al tejido. La mezcla de las fibras de lana y mohair en el estambre le dan una mayor suavidad al gorro.

Clasificación

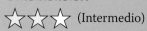 (Intermedio)

Tamaño terminado

Medidas actuales: 27 cm de la parte superior a las orejeras; ancho 57 cm

Materiales

- **Estambre:** Rowan 80% merino 20 mezcla de mohair (aprox. una bola 115 m × 100 g)
  A- Azul (1)
  B- Esmeralda (1)
  C- Verde lima (1)
- **Gancho:** 6 mm

Tensión

Usando el gancho de 6 mm aprox. 14p y 13 vueltas sobre 10 cm de medio punto trabajado por la parte de atrás de la lazada en la vuelta.

Abreviaciones

También ver página 125

Usando el gancho de 6mm y el estambre A hacer 4c, pd en la 1er c para formar un círculo.

Vuelta 1: 1c, 8mp en el círculo, pd en la parte superior de 1c al inicio de la vuelta. (8p)

Vuelta 2: 1c, 2mp en la parte de atrás de la lazada de cada mp hasta el final, pd en la parte superior de 1c al inicio de la vuelta. (16p)

Vuelta 3: 1c, 1mp en la parte de atrás de la lazada de cada mp hasta el final, pd en la parte superior de 1c al inicio de la vuelta.

Cortar el estambre A y cambiar al estambre B.

Vuelta 4: Como en la vuelta 3

Vuelta 5: 1c, 1mp en la parte de atrás de la lazada del 1er mp, 2mp en la parte de atrás de la lazada del sig. mp, * 1mp en la parte de atrás de la lazada del sig. mp, 2mp en la parte de atrás de la lazada del sig. mp, repetir desde * hasta el final, pd en la parte superior de la c al inicio de la vuelta. (24p)

Vuelta 6: Como en la vuelta 3.

Corta el estambre B y cambia al estambre C.

Vuelta 7: Como en la vuelta 3.

Vuelta 8: 1mp en la parte de atrás de la lazada del 1° de 2mp, 2mp en la parte de atrás de la lazada del sig. mp, * 1mp en la parte de atrás de la lazada de los ig. 2 mp, 2mp en la parte de atrás de la lazada del sig. mp, repetir desde * hasta el final, pd en la parte superior de la c al inicio de la vuelta.(32p)

Vuelta 9: Como en la vuelta 3.

Corta el estambre C y cambia al estambre A.

Vuelta 10: Como en la vuelta 3.

Vuelta 11: 1mp en la parte de atrás de la lazada del 1° de 3mp, 2mp en la parte de atrás de la lazada del sig. mp, * 1mp en la parte de atrás de la lazada de los sig. 3 mp, 2mp en la parte de atrás de la lazada del sig. mp, repetir desde * hasta el final, pd en la parte superior de la c al inicio de la vuelta. (40p)

Vuelta 12: Como en la vuelta 3.

Corta el estambre A y cambia al estambre B

Vuelta 13: 1mp en la parte de atrás de la lazada del 1° de 4mp, 2mp en la parte de atrás de la lazada del sig. mp, * 1mp en la parte de atrás de la lazada de los sig. 4mp, 2mp en la parte de atrás de la lazada del sig. mp, repetir desde * hasta el final, pd en la parte superior de la c al inicio de la vuelta. (48p)

Vuelta 14: Como en la vuelta 3.

Vuelta 15: 1mp en la parte de atrás de la lazada del 1° de 5mp, 2mp en la parte de atrás de la lazada del sig. mp, * 1mp en la parte de atrás de la lazada de los sig. 5mp, 2mp en la parte de atrás de la lazada del sig. mp, repetir desde * hasta el final, pd en la parte superior de la cadena al inicio de la vuelta. (56p)

Corta el estambre B y cambia al estambre C.

Vuelta 16: Como en la vuelta 3.

Vuelta 17: 1mp en la parte de atrás de la lazada del 1° de 6mp, 2mp en la parte de atrás de la lazada del sig. mp, * 1mp en la parte de atrás de la lazada de los sig. 6mp, 2mp en la parte de atrás de la lazada del sig. mp, repetir desde * hasta el final, pd en la parte superior de la cadena al inicio de la vuelta. (64p)

Vuelta 18: Como en la vuelta 3.

Vuelta 19: 1mp en la parte de atrás de la lazada del 1° de 7mp, 2mp en la parte de atrás de la lazada del sig. mp, * 1mp en la parte de atrás de la lazada de los sig. 7mp, 2mp en la parte de atrás de la lazada del sig. mp, repetir desde * hasta el final, pd en la parte superior de la cadena al inicio de la vuelta. (72p)

Vuelta 20: Como en la vuelta 3

Vuelta 21: 1mp en la parte de atrás de la lazada del 1° de 8mp, 2mp en la parte de atrás de la lazada del sig. mp, * 1mp en la parte de atrás de la lazada de los sig. 8mp, 2mp en la parte de atrás de la lazada del sig. mp, repetir desde * hasta el final, pd en la parte superior de la cadena al inicio de la vuelta. (80p)

Corta el estambre A y cambia al estambre B.

Vuelta 22-24: Como en la vuelta 3.

Corta el estambre B y cambia al estambre C.

Vuelta 25-27: Como en la vuelta 3.

Corta el estambre C y cambia al estambre A.

Comienza a crear las orejeras como se indica, continúa trabajando por la parte de atrás de la lazada de cada puntada.

Vuelta 28: 1c, 1mp en la 1er p, 1mp en las sig. 14p, 1mm en las sig. 2p, 1m en la sig. p, 1mmen las sig. 2p, 1mp en las sig. 40p, 1mm en las sig. 2p, 1m en la sig. p, 1mm en las sig. 2p, 1mp, en las sig. 15p hasta el final, pd en la parte superior de la c al inicio de la vuelta.

Vuelta 29: 1c, 1mp en la 1er p, 1mp en las sig. 13p, 1mm en las sig. 2p, 1m en las sig. 3p, 1mm en las sig. 2p, 1mp en las sig. 38p, 1mm en las sig. 2p, 1m en las sig. 3p, 1mm en las sig. 2p, 1mp en las sig. 14p hasta el final, pd en la parte superior de la c al inicio de la vuelta.

Vuelta 30: 1c, 1mp en la 1er p, 1mp en las sig. 12p, 1mm en las sig. 2p, 1m en las sig. 5p, 1mm en las sig. 2p, 1mp en las sig. 36 p, 1mm en las sig. 2p, 1m en las sig. 5p, 1mm en las sig. 2p, 1mp en las sig. 13p hasta el final, pd en la parte superior de la c al inicio de la vuelta.

Vuelta 31: 1c, 1mp en la 1er p, 1mp en las sig. 11p, 1mm en las sig. 2p, 1m en las sig. 7p, 1mm en las sig. 2p, 1mp en las sig. 34 p, 1mm en las sig. 2p, 1m en las sig. 7p, 1mm en las sig. 2p, 1mp en las sig. 12p hasta el final, pd en la parte superior de la c al inicio de la vuelta.

Vuelta 32: 1c, 1mp en la 1er p, 1mp en las sig. 10p, 1mm en las sig. 2p, 1m en las sig. 9p, 1mm en las sig. 2p, 1mp en las sig. 32 p, 1mm en las sig. 2p, 1m en las sig. 9p, 1mm en las sig. 2p, 1mp en las sig. 11p hasta el final, pd en la parte superior de la c al inicio de la vuelta.

Vuelta 33: 1c, 1mp en la 1er p, 1mp en las sig. 9p, 1mm en las sig. 2p, (colocar un marcador en el 2°mm), 1mm en las sig. 11p, 1mm en las sig. 2p, 1mp en las sig. 30p, 1mm en las sig. 2p, (coloca un marcador en el 2°mm), 1m en las sig.

11p, 1mm en las sig. 2p, 1mp en las sig. 10 p hasta el final, pd en la parte superior de la c al inicio de la vuelta.

Corta el estambre y remátalo

Orejeras

Con el lado derecho de frente, vuelve a unir estambre al 1er marcador (11p), ps en la 1ª p, 1mp en las sig. 3p, 1mp en las sig. 3p, 1pd en la sig. p, voltea.

Siguiente vuelta: 1c, pierde la 1er pd, 1mp en las sig. 4 p, pierde 2 p, trabaja 5m en la sig. p, pierde 2p, 1mp en las sig. 4 p, pierde 1p, pd en la sig. p.

Corta el estambre y remátalo.

Con el lado derecho de frente, vuelve a unir estambre en el 2 marcador y completa la segunda orejera como arriba.

Vuelve a unir el estambre B en la costura central de atrás.

Siguiente vuelta: 1c, 1mp en cada p hasta el final, ps en 1c al inicio de la vuelta.

Corta el estambre y remátalo.

Correas de las orejeras

Corta 6 pedazos de estambre B aprox. de 60cm de largo.

Pasa los lazos a través de la base de 5m de la última vuelta de la orejera. Asegúrate de que sean de la misma longitud de los 2 lados.

Divídelos en tres secciones y haz una trenza. Haz un nudo al final para asegurarlos.

Para terminar

Cose todos los extremos sueltos del estambre y presiona suavemente con una plancha de vapor y humedece la pieza para asegurarte de que las solapas queden planas.

Fundas para frascos

Estas hermosas fundas de frascos son una verdadera joya del pasado. Están hechas con estambre de algodón mercerizado de colores brillantes y con unas cuentas que cuelgan alrededor de la orilla, este clásico retro está muy actualizado. Ahora todo lo que necesitas es hacer tu propia mermelada para estar en sintonía con este diseño.

Clasificación

 (Intermedio)

Tamaño terminado

Medidas actuales: Diámetro 12 cm

Materiales

- Estambre Rowan, 4 hebras 100% algodón mercerizado (aprox. una bola 140 m × 50 g)
  A- Morado (1)
  B- Naranja (1)
  C- Rojo (1)
- Aprox. 12 cuentas de cristal por funda
- **Gancho:** 1.75 mm

Tensión

1 adorno es 12cm de ancho

Abreviaciones

4m juntos- 4 macizos juntos
5m juntos- 5 macizos juntos
También ver página 125

Antes de comenzar coloca las cuentas en el estambre. Recuerda que la 1ª cuenta que enredes será la última que uses.

Usando el gancho de 1.75mm hacer 6c, pd en la 1er c para hacer un círculo.

Vuelta 1: 1c, 12mp en el círculo, pd en 1c al inicio de la vuelta.

Vuelta 2: 1c, 1mp en el mismo lugar que en 1c, (7c, pierde 1mp, 1mp en el sig. mp) 5 veces, 3c, pierde 1mp, 1md en la parte superior de del 1ermp.

Vuelta 3: 3c, (cuenta como 1m), 4m en el arco formado por el md, (3c, 5m en el arco de 7c) 5 veces, 3c, pd en la parte superior de 3c al inicio de la vuelta.

Vuelta 4: 3c (cuenta como 1m), 1m en cada uno de los sig. 4m, * 3c, 1mp en el arco de las sig. 3c, 3c**1m en cada uno de los sig. 5m, repetir desde *4 veces más y desde * hasta ** nuevamente, pd en la parte superior de 3c al inicio de la vuelta.

Vuelta 5: 3c, 4m juntos sobre los sig. 4m (cuenta como 5m juntos), * (5c, 1mp en el arco de las sig. 3c) dos veces, 5c **, 5m juntos sobre los sig. 5m, repetir desde * 4 veces más y desde * hasta ** nuevamente, pd al primer grupo.

Vuelta 6: Pd en cada una de las sig. 2c, 1c * 1mp en el arco de las sig. 5c, 5c, 5m en el arco de las sig. 5c, 1mp en el arco de las sig. 5c, 5c, repetir desde * hasta el final, pd en la parte superior de de 1mp al inicio de la vuelta.

Vuelta 7: Pd en cada una de las sig. 2c, 1c, * 1mp en el arco de las sig. 5c, 5c, 1m en los sig. 5m, (5c, 1mp en el arco de las sig. 5c) dos veces, 5c, repetir desde * hasta el final, pd en la parte superior de 1mp al inicio de la vuelta.

Vuelta 8: Pd en cada una de las sig. 2c, 1c, *1mp en el arco de 5c, 5c, jala la cuenta hacia arriba del gancho cadena trasera, 5m juntos (5c, 1mp en el arco de las sig. 5c, dos veces, 2c, 1c trasera, 2c, 1mp en el arco de las sig. 5c, 5c, repetir desde * hasta el final, pd en la parte superior de 1c al inicio de la vuelta.

Corta el estambre y remátalo.

Para terminar

Cose los extremos sueltos del estambre, bloquea y presiona.

Panquecillos

Estos lindos panquecillos son muy divertidos. Perfectos como regalo para familiares o amigos; pueden hacerse con cualquier estambre y son ideales para aprovechar todos tus sobrantes. Juega con las combinaciones de colores y adórnalos con unas cuentas para darles un efecto extra especial.

Clasificación
★★☆ (Intermedio)

Tamaño terminado
Mediadas actuales: ancho 7 cm profundidad 6 cm

Materiales
- **Estambre:** Rowan 100% algodón (aprox. una bola 85 m × 50 g)
  A- Café (1)
- Rowan algodón glaseado, 100% algodón (aprox. una bola 115 m × 50 g)
  B- Rosa (1)
  C- Rojo (1)
- Rowan algodón orgánico (aprox. 120 m × 50 g)
- D- Verde/ Durazno (1)
- Cuentas
- **Gancho:** 3 mm y 1.75 mm

Tensión
Usando el gancho de 3 mm aprox. 20p y 20 vueltas sobre 10 cm de medio punto.

Abreviaciones
Ver página 125

Panquecillo glaseado rosa

Base

Usando el gancho de 3mm y el estambre A hacer 4c, pd en la 1er c para hacer un círculo.

Vuelta 1: 1c, 8mp en el círculo, pd en la parte superior de 1c al inicio de la vuelta. (8p)

Vuelta 2: 1c, 2mp en el 1er mp, 2mp en cada mp hasta el final, pd en la parte superior de 1c al inicio de la vuelta. (16p)

Vuelta 3: 1c, 1mp en el 1er mp, 2mp en el sig. mp, * 1mp en el sig. mp, 2mp en el sig. mp, repetir desde * hasta el final, pd en la parte superior de 1c al inicio de la vuelta. (24p)

Lado

Vuelta 4: 8c, trabaja la puntada unida como se indica, inserta el gancho en la 2ª c a partir del gancho, enreda estambre en el gancho y deslízalo, (inserta el gancho en la sig. c, enreda estambre y pásalo) 6 veces, inserta el gancho en el sig. mp enreda estambre en el gancho y deslízalo – 9 lazadas en el gancho, (enreda estambre en el gancho y deslízalo a través de 2 lazadas) 8 veces – 1 lazada en el gancho, trabaja 1 puntada unida insertando el gancho por abajo en la lazada horizontal alrededor del palo del poste de la puntada, en lugar de la c en cada mp alrededor de la orilla externa del disco, cierra la vuelta trabajando pd en la parte superior de la 1era p unida.

Corta el estambre y remátalo.

Glaseado

Usando el gancho de 3mm y el estambre B hacer 4c, pd en la 1er c para formar un círculo.

Vuelta 1: 1c, 8mp en el círculo, pd en la parte superior de 1c al inicio de la vuelta, (8p)

Vuelta 2: 1c, 2mp en el 1er mp, 2mp en cada mp hasta el final, pd en la parte superior de 1c al inicio de la vuelta. (16p)

Vuelta 3: 1c, 1mp en el 1er mp, 2mp en los sig, mp, * 1mp en el sig. mp, 2mp en el sig. mp, repetir desde * hasta el final, pd en la parte superior de 1c al inicio de la vuelta. (24p)

Vuelta 4: 1c, 1mp en 1eros 2mp, 2mp en el sig. mp, * 1 mp en los sig. 2 mp, 2mp en el sig. mp, repetir desde * hasta el final, pd en la parte superior de 1c al inicio de la vuelta. (32p)

Hacer todas las gotitas de hielo como se indica:

Vuelta 5: 1c, 1mp en los 1os 3mp, 2mp en el sig. mp, 1mp en los sig. 3 mp, 2mp en el sig. mp, 1mp en el sig. mp, 3c, 1mp en los sig. 2mp, 2mp en el sig. mp, 1mp en los sig. 3 mp, 2mp en el sig. mp, 1mp en el sig. mp, 3c, 1mp en los sig. 2mp, 2mp en el sig. mp, 1mp en los sig. 3mp, 2mp en el sig. mp, 1mp en el sig. mp, 3c, 1mp en los sig. 2mp, 2mp en el sig. mp, 1mp en los sig. 3mp, 2mp en el sig. mp, pd en la parte superior de una c al inicio de la vuelta.

Corta el estambre y remátalo.

Cereza

Usando el gancho de 1.75mm y el estambre C hacer 4c, pd en la 1ª c para hacer un círculo.

Vuelta 1: 1c, 8mp en el círculo, pd en la parte superior de 1c al inicio de la vuelta. (8p)

Vuelta 2: 1c, 2mp en el 1er mp, 2mp en cada mp hasta el final, pd en la parte superior de 1c al inicio de la vuelta. (16p)

Vuelta 3: 1c, 1mp en cada mp hasta el final, pd en la parte superior de 1c al inicio de la vuelta.

Vuelta 4: Como en la vuelta 3.

Vuelta 5: 1c, pierde qmp, 1mp en el sig. mp, * pierde qmp, 1mp en el sig. mp, repetir desde * hasta el final, pd en la parte superior de una cadena al inicio de la vuelta. (8p)

Panqué verde

Base

Trabájalo como se explicó en el panquecillo glaseado rosa.

Glaseado

Usando el estambre D trabájalo como en el panquecillo glaseado rosa.

Cereza

Trabájala como en el panquecillo glaseado rosa.

Lado

Usando el estambre A y el gancho de 3mm hacer 10c.

Vuelta 1: 1c, 1mp en cada c hasta el final, voltea. (10p)

Vuelta 2: 1c, 1mp en la parte frontal de la lazada de cada mp hasta el final, voltea.

Vuelta 3: 1c, 1mp en la parte trasera de la lazada de cada mp hasta el final, voltea.

Repetir vueltas 2-3, 9 veces más.

Corta el estambre y remátalo.

Remolino de hielo

Usando el gancho de 3mm y el estambre D hacer 42p.

Vuelta 1: 1c, 1mp en cada c hasta el final, voltea. (42p)

Vuelta 2: 1c, 1mp en cada mp hasta el final, voltea.

Dobla 2 vueltas a la mitad y únelas para crear un tubo, trabajando una pd a lo largo de toda la orilla como se indica:

Vuelta 3: 1c, inserta el gancho en el 1er mp y 1c, enreda estambre en la gancho y deslízalo a través de la c y del mp, (2 lazadas en el gancho), pasa la 1er lazada del gancho por debajo de la 2ª lazada – 1pd trabajada, repite este proceso a través de cada mp y c hasta el final.

Para terminar

Cose todos los extremos sueltos del estambre.

Panquecillo glaseado rosa

Cose la cereza al centro del glaseado. Inserta las cuentas en el glaseado, asegúrate de que la base y los lados estén bien rellenos, asegura con alfileres y luego cose el glaseado a la parte superior de los lados, deja que el terminado del glaseado caiga por los lados de la orilla, deja una pequeña ranura para insertar más relleno si es necesario. Termina cosiendo el glaseado a los lados.

Panquecillo con remolino de hielo verde

Cose las orillas superior e inferior a los lados. Cose la orilla de un lado a la base.

Enrolla el remolino verde y luego asegúralo con alfileres y luego con puntadas a la parte superior del glaseado; cose la cereza al remolino. Inserta tus cuentas en el glaseado, asegúrate de que la base y los lados estén bien rellenos, cose el glaseado a los lados, deja que el terminado del glaseado caiga por los lados de la orilla, deja una pequeña ranura para insertar más relleno si es necesario. Termina cosiendo el glaseado a los lados.

Carpeta de estrellas blancas

Esta ligera y fresca carpeta es un clásico modernizado, es el accesorio de moda para un espacio femenino elegante. Los motivos con puntadas abiertas están trabajados con estambre de algodón, lo que da al diseño de las estrellas una definición muy real. Cada motivo se trabaja de forma separada y se unen en la última vuelta de motivos más pequeños. Así que no se requiere coser para terminar. La carpeta puede ser de cualquier tamaño, simplemente hay que agregar tantos motivos como quieras.

Clasificación

 (Avanzado)

Tamaño terminado

Medidas actuales: ancho 122 cm; largo 153 cm

Materiales

- **Estambre:** Rowan 100 algodón, (aprox. una bola 85 m 50 g). (Agregar una bola más para una carpeta extra larga) Blanco (20)
- **Gancho:** 5 mm

Tensión

1 motivo grande= 34 cm a lo largo

Abreviaciones

Ver página 125

Motivo grande (hacer 20)

Usando el gancho de 5mm hacer 5c, pd en la 1er c al inicio de la vuelta para formar un círculo.

Vuelta 1: 1c, 10mp en el círculo, pd en 1c al inicio de la vuelta. (10p)

Vuelta 2: 1c, 2mp en cada mp hasta el final, pd en 1c al inicio de la vuelta. (20p)

Vuelta 3: 4c (cuenta como 1m y 1c), pierde 1mp, * 1m en el sig. mp, 1c, repetir desde * hasta el final, pd en el 3er de 4c al inicio de la vuelta.

Vuelta 4: 1c, 1mp en el mismo lugar que la la última ps, * 6c, 1mp en la 2ª c a partir del gancho, 1mm en la sig. c, 1m en la sig. c, 1md en la sig. c, 1mt en la sig. c, pierde las sig. 4p (ic, 1m, 1c, 1m) y trabaja 1mp en la sig. c, 6c, 1m en la 2ª c a partir del gancho, 1mm en la sig. c, 1m en la sig. C, 1md en la sig. c, 1mt en la sig. c, pierde las sig. 4 p (1m, 1c, 1m, 1c) y trabaja 1mp en el sig. m, repetir desde * hasta el final, remplazando el último mp con pd en 1c al inicio de la vuelta. (8 triángulos)

Vuelta 5: Trabaja 1pd en cada una de las 5c de la base del triángulo, * 3c, trabaja 1pd en la parte superior del mp, mm y m del triángulo, 5c **, pd en la base del m del sig. triángulo, pd en la base del mm y mp, repetir desde * 6 veces más luego desde * hasta ** nuevamente, pd en la 3er pd trabajada al inicio de la vuelta .

Vuelta 6: Trabaja 1pd en cada una de las sig. 2 pd en la parte superior del triángulo, 1c, 1mp en 3c en la parte superior del triángulo, * 5c, 3mp en los sig. 5 espacios de la cadena, 5c, 1mp en 3c en la parte superior del sig. triángulo, repetir desde * remplazando el último mp con pd en 1c al inicio de la vuelta.

Vuelta 7: 1pd en cada una de las sig. 2c, 1c, 1mp en el espacio de las sig. 5c, * 5c, 1mp en el espacio de las sig. 5c, repetir desde * remplazando el último mp con pd en 1c al inicio de la vuelta.

Vuelta 8: 1pd en cada una de las sig. 2c, 1c, 3mp en 5 espacios de c, *3c, trabaja (1m, 3c, 1md, 3c, 1md, 3c, 1m) en los espacios de las sig 5c, 3c, 3mp en las espacios de las sig. 5c, repetir desde * hasta el final, omitir 3mp al final de la última repetición, pd en 1c al inicio de la vuelta.

Vuelta 9: 1pd en la parte superior de los sig. 2mp, 4c (cuenta como 1m y1c), * 1mm en los sig. 3 espacios de la c, 3c, 1m en los sig. 3 espacios de la c, 3c, (1md, 3c, 1md) en los sig. 3 espacios de la c, 3c, 1m en los sig. 3 espacios de la c, 3c, 1mm en los sig. 3 espacios de la c, 1c, pierde mp, 1m en el sig. mp, 1c, repetir desde * hasta el final, omitiendo 1m y 1c en la última repetición, pd en la 3er c de 4 al inicio de la vuelta.

Vuelta 10: 1c, * 1mp en el sig. espacio de la c, (1mp, 1mm, 1m, 1mm, 1mp) en los sig. 3 espacios de c, (1mp, 1mm, 1m, 1md, 1m 1mm, 1mp) en los sig. 3 espacios de c, (1mp, 1mm, 1m, 1mm, 1m, 1mm, 1mp) en los sig. 2 de 3 espacios de c, 1mp en el sig. espacio de c, repetir desde * hasta el final, pd en 1c al inicio de la vuelta.

Corta el estambre y remátalo.

Motivo pequeño (hacer 12)

Usando el gancho de 5mm hacer 4c, pd en la 1er c para formar un círculo.

Vuelta 1: 6c (cuenta como 1m y 3c), * 1m en el círculo, 3c, repetir desde * 6 veces, pd en el 3er de 6c al inicio de la vuelta.

Vuelta 2: Pd en las 1as 2 c, 5c, 4md juntos en el mismo espacio que la 2ª pd, 5c, pierde (1c, 1m, 1c), * 5md juntos en la 2ª de 3c, 5c, pierde (1c, 1m, 1c), repetir desde * 6 veces más, p d en la parte superior del primer grupo al inicio de la vuelta.

No cortes el estambre, la vuelta 3 se trabaja cuando unas los motivos.

Juntando los motivos

Vuelta 3: Pd en las 1as 2 c de 5c, 5c, 4md juntos en el mismo lugar que la 2ª pd, inserta el gancho de atrás hacia adelante a través del m central del primer pequeño abanico de la lado derecho del pico del motivo grande, y trabaja 1pd, pd en cada puntada hasta que alcances en centro del m del segundo abanico, 5md junto(1 grupo) en la 4ª c de las mismas 5c en el motivo pequeño, pd en los sig (mm, 4mp, 1mm y 1m) del motivo grande, 1 grupo en la 2ª c de las sig. 5c en el motivo pequeño, pd en los sig. (mm, 2mp, mm) del motivo grande, 1 grupo en la 4ª c de las mismas 5c del motivo pequeño, 1pd en lo sig. (mm, 2mp, m y md) en la parte superior del pico del motivo, * 3c,, pd en el md del pico del 2°motivo grande, ahora trabaja 1pd en los sig. (m, mm, 2mp, mm) del segundo motivo, 1 grupo en la 2ª c de las sig. 5c del motivo pequeño, trabaja 1pd en los sig. (m, mm, 2mp, mm), trabaja 1 grupo, 1pd en los sig. (m, mm, 2mp, mm, m, y md) en la parte superior del motivo, repetir desde * uniendo 4 motivos grandes alrededor de la orilla exterior del motivo pequeño.

Repite la vuelta 3 hasta que todos los motivos pequeños y grandes queden juntos, unidos. Usa la foto como guía.

Une las orillas exteriores como se indica:

Vas a zigzaguear de ida y vuelta desde los dos motivos grandes.

Usando el gancho de 5mm, vuelve a unir el estambre al md en el centro del pico del 1er motivo grande en la orilla exterior, 3c, muévete a lo largo de todo el motivo grande siguiente y pd en el md en el centro del pico del motivo grande, pd en los sig. (m, mm, 2mp, mm, m), 5c, muévete hacia atrás a lo largo al 1er motivo y pd en el m del centro

del 1er abanico pequeño, pd en los sig. (mm, 2mp, mm y m), 7c, muévete a lo largo al 2° motivo, pd en el m del centro del 2° abanico pequeño, pd en los sig. (mm, 4mp, mm, m), 7c, muévete a lo largo al 1er motivo grande, pd en el m del centro del 3er abanico, pd en los sig. mm, 2mp, mm), 5c, muévete a lo largo al 2° motivo grande y pd en el m del centro del 4° abanico, pd en cada p hasta que alcances 3c, pd en la base de 3c.

Corta el estambre y remátalo.

Repite este proceso alrededor de toda la orilla exterior.

Una vez que todos los motivos grandes y pequeños estén unidos, tendrás espacios entre los motivos grandes; une como se indica a continuación, usando un método similar para la orilla exterior.

Usando el gancho de 5mm, vuelve a unir estambre al m central del 1er abanico pequeño, 5c, muévete hacia el 2° motivo, pd en el m central del 1er abanico, pd en los sig. (mm, 2mp, mm y m), 7c, muévete hacia atrás al 1er motivo, pd en el m central del sig. abanico, pd en los sig. (mm, 4mp, mm y m), 7c, muévete hacia atrás al 2° motivo, pd en el m central del sig. abanico, ps en los sig. (mm, 2mp, mm, m), 5c, muévete hacia atrás al 1er motivo, pd en el m central del sig. abanico, pd en cada p hasta que alcances 3c, pd en la base de 3c.

Corta el estambre y remátalo.

Repite este proceso hasta que todos los espacios estén llenos.

Cose todos los extremos sueltos del estambre.

Bloquea y presiona.

Bolsa de asas

Esta bolsa se ve más complicada de lo en realidad es. Los pliegues texturizados falsos se crean usando un método de puntadas unidas, el cual es una buena manera de usar puntadas más largas sin espacios tan grandes en medio. La flor con los pétalos con volumen le da un toque femenino y realmente contrasta con las rayas.

Clasificación

 (Avanzado)

Tamaño terminado

Medidas actuales: base 42 cm; parte superior 22 cm

Materiales

- **Estambre:** Rowan 75% algodón 75% acrílico micro fibra (aprox. una bola 160 m × 50 g)
  A- Color ciruela (3)
  B- Rojo (1)
  C- Coral (1)
  Flor- Rowan siena, 4ply 100% algodón mercerizado (aprox. 140 m × 50 g)
  D- Rosa (1)
  E- Rosa brillante (1)
  F- Rojo (1)
  G- Amarillo (1)
- **Ganchos:** 4 mm y 3 mm

Tensión

Usando el gancho de 4 mm aprox. 18p y 20 vueltas sobre 10 cm de medio punto

Abreviaciones

Mcu- macizo cuádruple unido
También ver página 125

Frente y parte trasera (se trabajan en una sola pieza)
Usando el gancgo de 4mm y el estambre A hacer 36c.
Vuelta 1: 1c, 1mp en la 2ª c a partir del gancho, 1mp en cada c hasta el final, voltea. (36p)
Vuelta 2: 1c, 1mp en el 1er mp, 2mp en el sig. mp, 1mp en cada mp hasta las últimas 2p, 2mp en el sig. mp, 1mp en el último mp, voltea. (38p)
Vuelta 3-5: Como en la vuelta 2. (46p)
Vuelta 6: 1c, 1mp en el 1er mp, 2mp en el sig. mp, 1mp en cada mp hasta los últimos 2mp, 2mp en el sig. mp, 1mp en el último mp, hacer 11 c, voltea.
Vuelta 7: 1mp en la 2ª c a partir del gancho, 1mp en las sig. 9 c, 1mp en los sig. 46mp, hacer 11c y voltea.
Vuelta 8: 1mp en la 2ª c a partir del gancho, 1mp en las sig. 9 c, 1mp en los sig. 56mp, hacer 11c, voltea.
Vuelta 9: 1mp en la 2ª c a partir del gancho, 1mp en las sig. 9 c, 1mp en los sig. 66mp, hacer 11c, voltea.
Vuelta 10: 1mp en la 2ª c a partir del gancho, 1mp en las sig. 9 c, 1mp en los sig. 76mp, hacer 11c, voltea. (86p)
Vuelta 11: 1c, 1mp en la 1er p, 1mp en cada p hasta el final, voltea.
Vuelta 12-13: Como en la vuelta 11.
Corta el estambre y une el estambre B.
Vuelta 14: Como en la vuelta 11.
Trabaja el panel unido texturizado como se indica:
Vuelta 15: 5c, trabaja macizo cuádruples unidos (mcu) como se indica: Comienza trabajando la 1erp en 5c, inserta el gancho en la 2ª c a partir del gancho, enreda estambre en el gancho y deslízalo a través de la lazada, (inserta el gancho en la sig. c y deslízalo por la lazada) 3 veces, inserta el gancho en el sig. mp, enreda estambre en el gancho y deslízalo por la lazada – 6 lazadas en el gancho, (enreda estambre en el gancho y deslízalo por debajo de la 1er y 2° lazada) 5 veces – 1 lazada en el gancho, ahora la 1er p está completa. 1mcu como se indica: Inserta el gancho por debajo de la 1er lazada horizontal de la p anterior, enreda estambre en el gancho y deslízalo por la lazada, (inserta el gancho por abajo de la sig. lazada horizontal enreda estambre en el gancho y deslízalo a través de la lazada) 3 veces, inserta el gancho en el sig. mp, enreda estambre en el gancho y deslízalo por la lazada – 6 lazadas en el gancho, (enreda estambre en el gancho y deslízalo por debajo de las 2 1as lazadas) 5 veces.
-1 lazada en el gancho, 2ª lazada completa.
1mcu en los sig. 6mp, 1c, inserta el gancho en el frente de la lazada en la parte superior de la p anterior, enreda estambre en el gancho y deslízalo por la lazada, trabaja las 4 lazadas horizontales que quedan de la misma p – 6 lazadas en el gancho, inserta el gancho en la base de la p, enreda estambre en el gancho y deslízalo a través de la lazada – 7 lazadas en el gancho, inserta el gancho en el sig. mp,

enreda estambre en el gancho y pásalo a través de la lazada – 8 lazadas en el gancho, (enreda estambre en el gancho y deslízalo por debajo de las 1as 2 lazadas) 7 veces – 1 lazada en el gancho, trabaja las sig. 16 p usando el mismo método de unión que en la p que acabas de hacer, 1c, inserta el gancho en la 1er lazada de la p anterior, enreda estambre en el gancho y deslízalo por la lazada, trabaja en las 5 lazadas horizontales que quedan de la misma p – 7 lazadas en el gancho, inserta el gancho en la base de la p, enreda estambre en el gancho y deslízalo a través de la lazada – 8 lazadas en el gancho, inserta el gancho en el sig. mp, enreda estambre en el gancho y deslízalo a través de la lazada – 9 lazadas en el gancho, (enreda estambre en el gancho y pásalo por debajo de las 1as 2 lazadas) 8 veces – 1 lazada en el gancho, trabaja las sig. 35 p usando el método de unión como lo acabas de hacer.

Haz la sig. p como se indica: Pierde 1 lazada de la última p hecha, trabaja el método de unión en las sig. 5 lazadas de la p, pierde la última lazada, inserta el gancho en el sig. mp, enreda estambre deslízalo a través de la lazada – 7 lazadas en el gancho (enreda estambre en el gancho y pásalo por debajo de las 1as 2 lazadas) 6 veces – 1 lazada en el gancho trabaja el método de unión con las 7 lazadas de las sig. 16p,

Haz la sig. p como se indica: Pierde la 1er lazada de la última p hecha, trabaja el método de unión en las sig. 3 lazadas de la p, pierde la última lazada, inserta el gancho en el sig. mp, enreda estambre en el gancho y deslízalo por la lazada – 5 lazadas en el gancho (enreda estambre y pásalo por debajo de las 1as 2 lazadas) 4 veces – 1 lazada en el gancho trabaja el método de unión con 5 lazadas en las 7p que quedan, voltea. Completa el pliegue simulado trabajando el mp empatado la puntada de unión texturizada del otro lado como se indica:
Vuelta 16: 1c, * inserta el gancho de derecha a izquierda alrededor del poste del mp en la base de la sig. p luego inserta el gancho en la parte superior de la misma p, enreda estambre en el gancho y deslízalo a través de la lazada, enreda estambre y deslízalo a través de las 2 lazadas en el gancho **, repetir desde * hasta ** 24 veces más, 1mp en las sig. 36p, repetir desde * hasta ** 25 veces, voltea.
Corta el estambre B y une el estambre A.
Vuelta 17-25: 1c, 1mp en la 1er p, 1mp en cada p hasta el final, voltea.
Corta el estambre A y une el estambre C.
Vueltas 26-35: Como en las vueltas 14-25.
Repite las vueltas 14-32 una vez más.
Siguiente vuelta: Pd a lo largo de las 1eras 10p, 1c, 1mp en las sig. 66p, voltea. (66p)

Siguiente vuelta: Pd a lo largo de la 1eras 10p, 1c, 1mp en las sig. 46p, voltea. (46p)

Siguiente vuelta: 1c, 1mp en la 1er p, 2mp juntos, 1mp en cada p hasta las últimas 3p, 2mp juntos, 1mp en la última p, voltea. (44p)

Repite la última vuelta 4 veces más. (36p)

Siguiente vuelta: 1c, 1mp en la 1er p, 1mp en cada p hasta el final.

Corta el estambre y remátalo.

Parte superior de la bolsa

Usando el gancho de 4mm y el estambre A hacer 40c.

Vuelta 1: 1c, 1mp en la 1er c, 1mp en cada c hasta el final, voltea. (40p)

Vuelta 2: 1c, 1mp en la 1er p, 1mp en cada p hasta el final, voltea.

Vuelta 3-10: Como en la vuelta 2.

Vuelta 11: 1c, 1mp en la parte de atrás de la lazada del 1er mp, 1mp en la parte de atrás de la lazada de cada mp hasta el final, voltea.

Vuelta 12-20: Como en la vuelta 2.

Corta el estambre y remátalo.

Asas

Usando el estambre A y el gancho de 4mm hacer 80c.

Vuelta 1: 5c, trabaja 1mcu en cada c hasta el final.

Corta el estambre y remátalo.

Para terminar

Cose todos los extremos sueltos del estambre, bloquea y presiona todas las piezas.

Dobla la parte superior de la bolsa a la mitad, coloca los alfileres en esta posición con la parte de arriba abierta; usa la foto como guía, deja aprox. 2.5cm del cuerpo principal de la bolsa para que quede en medio del frente de la parte trasera de la costura superior, cósela en esta posición usando el punto atrás.

Dobla el cuerpo principal de la bolsa a la mitad y cose las costuras laterales de la base a la parte de arriba y déjala abierta.

Asas

Dóblalas a la mitad con el lado derecho hacia afuera y cose los laterales a lo largo para formar un tubo.

Asegura un asa a la orilla exterior de la bolsa, aprox. arriba de la primera y última sección de color texturizada, cose la bolsa usando el punto atrás.

Repite el proceso del otro lado de la bolsa.

Rollo de la flor

Usando el gancho de 3mm y el estambre D hacer 6c, pd en la 1er c para formar un círculo.

Vuelta 1: 1c, 12mp en el círculo, ps en 1c al inicio de la vuelta.

Corta el estambre D y une el estambre E.

Vuelta 2: * trabaja 1 rollo de (12c, 5m en la 4ª c a partir del gancho, 5m en cada una de las sig. 8c, pd en el mismo lugar que las 12c), 1pd en cada uno de los sig. 2mp, repetir desde * 5 veces más, omitir 1pd al final de la última repetición.

Corta el estambre y remátalo.

Cose todos los extremos sueltos del estambre.

Ensarta en una aguja de bordado el estambre F. Trabaja 8 nudos franceses en el centro de la flor, luego ensarta el estambre G. Usando la foto como guía, saca la aguja por el centro contrastante de atrás hacia adelante y regrésala por el centro del círculo, casi enrollando el hilo alrededor de los nudos franceses.

Cose la flor a la parte delantera de la bolsa usando la foto como guía.

Blusa con escote en V

Esta blusa de estilo náutico se trabaja con una combinación de puntadas básicas que le dan al tejido una apariencia ligeramente texturizada. Se hace con un gancho más grande de lo normal, mientras que el estambre de seda y merino le dan cierto volumen sin ser pesados. Las rayas contrastantes se equilibran con lo amplio de la sisa, pero el diseño lucirá como si se hubiera trabajado en un color sólido.

Clasificación

 (Avanzado)

Materiales

- **Estambre:** Rowan seda 50% seda 50% lana merino (aprox. una bola 100 m × 50 g)
  A- Rojo (6, 7, 7, 8)
  B- Blanco (5, 5, 6, 6)
- **Gancho:** 5 mm

Tensión

Usando el gancho de 5 mm 5 repeticiones y 12 vueltas sobre 10 cm del patrón

Abreviaciones

2mp juntos – 2 medios puntos juntos

2mm juntos – 2 medios macizos juntos. Se trabaja de la sig. manera: * enreda estambre en el gancho, inserta el gancho en la sig. puntada, enreda estambre en el gancho y deslízalo, repetir desde * dos veces, (5 lazadas en el gancho), enreda estambre en el gancho y deslízalo a través de todas las lazadas en el gancho

También ver página 125

Parte trasera

Usando el gancho de 5mm y el estambre A hacer 63 (69, 75, 81,87) c.

Vuelta 1: 1c, 1mp en la 2ª c a partir del gancho, 1mp en cada c hasta el final, voltea, (63(69, 75, 81, 87) p)

Vuelta 2: 2c, (1mm y 1m) en el 1er mp, * pierde 2p, (1mp, 1mm, 1m) en la sig. p, repetir desde * hasta las últimas 2p, pierde 2mp, 1mp en la cadena de vuelta, voltea. (21(23, 25, 27, 29) se repite el patrón)

Vuelta 3-7: Como en la vuelta 2.

Corta el estambre A y une el estambre B.

Vuelta 8-13: Como en la vuelta 2.

Corta el estambre B y une el estambre A.

Vuelta 14-19: Como en la vuelta 2.

Corta el estambre A y une el estambre B.

Vuelta 20 (quitando): 2c, pierde 1mp, 2mm juntos sobre las sig. 2p, (1mp, 1mm y 1m) en el sig. mp, pierde 2p, * (1mp, 1mm, 1m) en la sig. p, pierde 2p, repetir desde * hasta las últimas 2p, pierde 2p, 1mp en la cadena de vuelta, voltea.

Vuelta 21 (quitando): 2c, pierde el 1er mp, 2mm juntos sobre las sig. 2p, (1mp, 1mm, 1m) en la sig. p, pierde 2p, *(1mp, 1mm, 1m) en la sig. p, pierde 2p, repetir desde * hasta las últimas 2p, 2mm juntos, 1mp en la c de vuelta, voltea.

Vuelta 22: 2c, (1mp, 1mm, 1m) en la sig. p, pierde 2p, repetir desde * hasta las últimas 2p, 2mm juntos, 1mp en la c de vuelta, voltea. (19(21, 23, 25, 27) se repite el patrón)

Vueltas 23-26: Como en la vuelta 2.

Corta el estambre B y une el estambre A.

Vuelta 27-32: Como en la vuelta 2.

Corta el estambre A y une el estambre B.

Vuelta 33-38: Como en la vuelta 2.

Vuelta 27-38: Forma 12 vueltas de patrón de rayas.

1er y 2° tamaño

Repetir vueltas 27-38 rayas 3 veces más, luego vueltas 27-28 una vez más.

3er y 4° tamaño

Repetir vueltas 27-38 rayas 3 veces más, luego vueltas 27-28 dos veces más.

5° tamaño

Repetir vueltas 27-38 rayas 3 veces más, luego vueltas 27-32 una vez más.

Todos los tamaños

Corta el estambre y remátalo.

Frente

Trabaja como se explicó en la parte trasera hasta que mida aprox. 39(41, 43, 45, 47) cm, termina en una vuelta del revés y trabaja 12 vueltas del patrón de rayas todo el tiempo.

Forma del cuello

Vuelta 1 (LC): 2c, (1mm, 1m) en el 1er mp, * pierde 2p, (1mp, 1mm, 1m) en el sig. mp, repetir desde * 6(7,8,9,10) veces más, 1mp en la sig. p, 1mm en las sig. 2p, voltea. (9(10, 11, 12, 13) repeticiones)

Vuelta 2: 2c, 1mm en las sig. 2p, (1mp, 1mm, 1m) en la sig. puntada, repetir desde * hasta las últimas 2p, pierde 2p, 1mp en la c de vuelta, voltea.

Vuelta 3: 2c, (1mm, 1m) en el 1er mp, * pierde 2p, (1mp, 1mm, 1m) en el sig. mp, repetir desde * hasta las últimas 7p, pierde 2p, 1mp en la sig. p, 1mm en las sig. 5p, voltea.

Vuelta 4: 2c, 1mm en las sig. 2p, 2mm juntos sobre las sig. 2p, 1mp en la sig. p, (1mp, 1mm, 1m) en la sig. p, * pierde 2p, (1mp, 1mm, 1m) en la sig. p, repetir desde * hasta las últimas 2p, pierde 2p, 1mp en la c de vuelta, voltea.

Vuelta 5: 2c, (1mm, 1m) en el sig. mp, * pierde 2p, (1mp, 1mm, 1m) en el sig. mp, repetir desde * hasta las últimas 4p, 2mm juntos sobre las sig. 2p, 1mm en las sig. 2p, voltea.

Vuelta 6: 2c, 1mm en las sig. 2p, 2mp juntos sobre las sig. 2p, (1mm, 1m) en el mismo lugar que las 2p de los 2mp juntos, * pierde 2p, (1mp, 1mm, 1m) en el sig. mp, repetir desde * hasta las últimas 2p, 1mp en la c de vuelta, voltea. (8,9, 10, 11, 12) repeticiones.

Vuelta 7: 2c, (1mm, 1m) en el 1er mp, * pierde 2p, (1mp, 1mm, 1m) en el sig. mp, repetir desde * hasta las últimas 3p, 1mp en la sig. p, 1mm en las sig. 2p, voltea.

Vuelta 8: Como en la vuelta 2.

Vuelta 9: Como en la vuelta 3.

Vuelta 10: Como en la vuelta 4.

Vuelta 11: Como en la vuelta 5.

Vuelta 12: Como en la vuelta 6.

Mantén el patrón de rayas como se estableció, repite vueltas 7-12 hasta 5 (5, 7, 8, 8) que se hayan trabajado las repeticiones del patrón, termina en una vuelta del revés.

Siguiente vuelta: Como en la vuelta 7.

Siguiente vuelta: Como en la vuelta 8.

Repite las últimas 2 vueltas hasta que empates la longitud del frente con la de la espalda.

Vuelve a unir estambre para salir de la forma del cuello y revierte la configuración para empatar el lado izquierdo.

Para terminar

Bloquea y presiona el frente y la espalda de la pieza.
Cose las costuras de los hombros.

Adorno del cuello

Con el lado derecho de frente, usando el estambre A y el gancho de 5mm vuelve a unir estambre a la parte superior de la costura del lado izquiedo.

Vuelta 1: 1c, trabaja 38 (38, 40, 42, 44) mp debajo de la parte frontal del cuello del lado izquierdo, 1mp en el punto central, coloca un marcador y 38 (38, 40, 42, 44) mp arriba de la parte frontal del cuello del lado derecho, luego 22 (24, 22, 22, 24) mp a lo largo de la parte trasera del cuello, pd en 1c al inicio de la vuelta. (99 (101, 103, 107, 113) p)

Vuelta 2: 1c, 1mp en cada mp hasta 1mp antes del marcador, 3mp juntos sobre los sig. 3mp, 1mp en cada mp hasta el final, pd en 1c al inicio de la vuelta. (97 (99, 101, 105, 110)p)

Corta el estambre y remátalo.

Adorno de la manga izquierda

Con el lado derecho de frente, usando el estambre A y el gancho de 5mm vuelve a unir estambre en la 6ª raya de arriba hacia abajo.

Vuelta 1: 1c, trabaja 46 (46, 48, 48, 50) mp abajo hacia el mismo punto de la espalda, voltea. (92 (92, 96, 96, 100) p)

Vuelta 2: 1c, 1mp en el 1er mp, 2mp juntos sobre las sig. 2p, 1mp en las sig. 40 (40, 42, 42, 44) p, 2mp juntos sobre las sig. 2p, 1mp en las sig. 2p, 2mp juntos sobre las sig. 2p, 1mp en cada p hasta las últimas 3p, 2mp juntos sobre las sig. 2p, 1mp en la última p, voltea. (88 (88, 92, 92, 94) p)

Vuelta 4: 1c, 1mp en el 1er mp, 2mp juntos sobre las sig. 2p, 1mp en cada p hasta las últimas 3p, 2mp juntos sobre las sig. 2p, 1mp en la última p, voltea. (86 (86, 90, 90, 94) p)

Vuelta 5: Como en la vuelta 4. (84 (84, 88, 88, 92) p)

Vuelta 6-8: Como en la vuelta 2.

Vuelta 9: 1c, 1mp en las sig. 39 (39, 41, 41, 43) p, 2mp juntos sobre las sig. 2p, 2mp juntos sobre las sig. 2p, 1mp en cada p hasta el final, voltea. (82 (82, 86, 86, 90) p)

Vuelta 10-12: Como en la vuelta 2.

Corta el estambre y remátalo.

Adorno de la manga derecha

Trabaja como se explicó en la manga izquierda, vuelve a unir estambre en la espalda. Cose todos los extremos sueltos del estambre. Cose las costuras laterales y las costuras de los adornos de las mangas.

Tabla de conversiones del crochet

Métrico	Reino Unido Antiguo	Estados Unidos
1.75 mm	15 o 2½ o 3	5 o 6
2.00 mm	14 o 1½ o 1	1 o B
2.50 mm	12 o 0 o 2/0	2 o C
3.00 mm	10 o 11 o 3/0	3 o D
3.50 mm	9	4 o E
4.00 mm	8	5 o F
4.50 mm	7	6 o G
5.00 mm	6	8 o H
5.50 mm	5	9 o I
6.00 mm	4	10 o J
6.50 mm	3	10 ½ o K
7.00 mm	2	No equivalente
7.50 mm	1	No equivalente
8.00 mm	0	11 o L
9.00 mm	00	13 o M
10.00 mm	000	15 o N
12.00 mm	No equivalente	16 o O

Tabla de abreviaciones

c – cadena

p – punto

mp – medio punto

2mp juntos – 2 medios puntos juntos

mdu – macizo doble unido

md – macizo doble

m – macizo

mpex – medio punto extendido

mf – macizo frente

mt – macizo trasero

3m juntos de f – 3 macizos juntos de frente

5m juntos de f – 5 macizos juntos de frente

mm – medio macizo

2 mm juntos – 2 medios macizos juntos

mu – macizo unido

mcu – macizo cuádruple unido

c de vuelta – cadena de vuelta

2m juntos – 2 macizos juntos

3m juntos – 3 macizos juntos

4m juntos – 4 macizos juntos

5m juntos – 5 macizos juntos

mtu – macizo triple unido

pd – puntada deslizada

Tabla de tamaños terminados

Para adultos

Busto:	pulgadas	32	34	36	38	40
	centímetros	81	86	91	96	101
Tamaño actual:	pulgadas	34	36	38	40	42
	centímetros	86	91	96	101	106
Largo	pulgadas	25.5	27	28	29	30.5
	centímetros	65	68	71	74	77

Para niños

		3-4 años	4-5 años	6-7 años
Pecho:	pulgadas	23	24	26
	centímetros	58	61	66
Tamaño actual:	pulgadas	24	26	28
	centímetros	61	66	71
Largo	pulgadas	11.5	12.5	13.75
	centímetros	29	32	35

Índice

Agradecimientos

Muchas gracias a mi otra mitad Andy Daly y a mi gran amiga Jane Galbraith, quienes me dieron su apoyo, confianza y sus manos que me ayudaron a hacer posible todo esto. También quisiera agradecer a Kate Buller y a su equipo de Rowan por su patrocinio y por darme estos hermosos estambres.